주거 신분사회

희망제작소 프로젝트
우리시대 희망찾기

09

주거 신분사회

타워팰리스에서 공공임대주택까지

| 최민섭·남영우·최은영·강민석·천현숙·김태섭 지음 |

창비

'현장의 목소리'에서 희망을 찾다

민간 싱크탱크 희망제작소의 '우리시대 희망찾기' 연구 프로젝트는 민주화 이후 한국사회 현실을 심층적으로 진단하고, 이를 바탕으로 새로운 사회개혁의 전망을 모색하는 시도이다. 이 프로젝트가 같은 문제를 고민하는 다른 노력들과 구별되는 점이 있다면, 일상세계로 들어가 '현장의 목소리'를 듣고, 그 목소리가 들려주는 '아래로부터의' 경험과 지혜를 체계화하여, 우리사회의 문제와 애로가 형성된 역사적·문화적·제도적 조건을 해명하고, 그러한 구체적이고 풍부한 이해 속에서 희망의 단서를 찾고자 한다는 것이다. '현장의 목소리'에서 출발해 사회 현실을 그려보고자 하는 '우리시대 희망찾기'의 문제의식은 이 연구 프로젝트의 연구방법론이자 사회 현실을 이해하는 태도이기도 하다.

이 연구 프로젝트를 기획한 것은 우리 두 사람이지만, 이 기획을 현실화시킨 것은 우리의 문제의식에 공감해 재능과 열정을 모아준 연구자들이다. 2006년 1월 희망제작소 내에 꾸려진 연구위원회는 집중 토론을 통해 모두 열네가지 주제 영역을 설정하였고, 이후 주제별로 관련 '현장'에서의 활동 및 연구경험이 있는 전문가들로 연구팀을 구성했다. 각 연구팀은 독자적인 방식으로 연구를 수행하면서, 필요할 때는 연구팀 사이의 공통의 문제의식을 확인하고 토론했다. 연구의 전과정에서 연구자들은 섣부른 주장보다는 현장 속에 유형무형으로 녹아 있는 다양한 목소리를 그려내고, 어렴풋하게나마 형성되고 있는 새로운 실천의 지향과 가능성을 드러내고자 노력했다.

주제별 연구자들과 연구과정 소개는 순차적으로 발간될 책에서 하기로 하고, 전체 프로젝트 진행에 참여한 분들을 간단히 소개한다. '우리시대 희망찾기' 첫권의 저자이기도 한 유시주 희망제작소 객원연구위원은 작가 특유의 지적 감수성과 깨어있는 시민적 사회의식을 바탕으로, '우리시대 희망찾기' 씨리즈의 주요 편집인을 맡아 연구내용을 감수했을 뿐 아니라 프로젝트 전과정을 실질적으로 이끌었다. 연구방법론 전공자인 이희영은 연구기획과 더불어 연구의 모든 주제가 '현장의 목소리'에 기초하여 재구성되도록 전체 연구내용을 감수하고 자문했다. 강현선 연구원은 섭외, 조직, 예산집행을 포함한 연구진행 실무를 책임졌다. 또 삼성은 '우리시대 희망찾기'의 연구가 실현될 수 있도록 연구기금의 지원을 아끼지 않았고, 창비는 경제적 효과를 기대하기 힘든 연구보고서의 출판을 기꺼이 맡아주었다.

생활세계의 구체성과 풍부함에 주목하고자 한 우리의 문제의식이 기존 연구방법에 대한 아쉬움에서 말미암은 게 사실이지만, 그렇다고 이 연구가 지금까지의 다양한 이론적·경험적 연구결과들과 무관한 것은 아니다. 오히려 기존의 다양한 연구성과들은 현장의 목소리를 재구성하기 위한 분석과 해석 과정에서 중요한 자원이 되었음을 밝힌다.

'우리시대 희망찾기'의 연구결과에 대한 평가는 독자들의 몫이다. 우리는 독자들과의 다면적인 소통을 통해 연구결과가 평가되고 재해석되는 과정이야말로 이 연구의 마무리라고 생각한다. 독자들의 날카로운 질책과 비판을 기대한다. 마지막으로, 낯선 연구자들에게 마음을 열고 '나의 이야기'를 들려준 구술자들이야말로 이 프로젝트의 기본 동력이었음을 밝히며, 귀한 시간을 내어 경험과 지혜를 나누어주신 분들께 진심으로 감사드린다.

2010년 4월
박원순(희망제작소 상임이사)
이희영(대구대학교 교수·사회학)

차
례

|발간사| '현장의 목소리'에서 희망을 찾다　004

일러두기　008

머리말— 삶의 거처인가 돈벌이의 수단인가　009

1장 집은 당신에게 무엇인가? · 최민섭　020

2장 공공임대주택의 빛과 그늘 · 남영우　046

3장 주택금융의 희망찾기 · 최은영　088

4장 주택문제는 수도권만의 문제인가? · 강민석　116

5장 신도시 개발의 희망과 절망 · 천현숙　142

6장 뉴타운, 떠나는 자와 남는 자 · 김태섭　186

맺음말— 행복한 집, 행복한 세상　223

주　233

구술자 소개　241

일러두기

1. 구술자의 이름은 가명으로 하되, 독자의 이해를 돕기 위해 구술 당시의 소속과 직책을 본문 뒤 '구술자 소개'에 밝혀두었다.
2. 구술자 인용은 연구팀에서 작성한 녹취록을 바탕으로 했고, 해당 녹취록의 면수를 각 인용문 뒤에 밝혀두었다.
3. 구술자 인용은 녹취록을 그대로 따르는 것을 원칙으로 하되, 가독성을 지나치게 해치는 부분만 일부 빼거나 가다듬었다. 인용문 가운데 일부를 중략한 곳은 (…)로 표시했으며, 인용자의 설명이 필요할 때는 [ ]안에 넣었다.

삶의 거처인가 돈벌이의 수단인가

1. 연구의 출발점

이 책은 희망제작소가 기획한 '우리시대 희망찾기' 씨리즈의 하나로 주택문제를 다루기 위해서 씌어졌다. 서민들을 대상으로 한 인터뷰에서 앞으로의 희망 물으면 '내 집을 가지는 것'이라는 답이 적잖이 나오는 것으로 보아 집은 보통사람의 삶의 희망과 상당한 관련이 있는 주제임에 분명한 듯하다. 그러나 최근 몇년간 주택문제를 둘러싼 현실을 보면 주택은 희망이라기보다 좌절의 대상이 아닌가 하는 생각이 든다. 과연 우리의 희망을 주택에서 찾을 수 있을까? 삶의 거처라는 본원적인 역할보다는 이미 돈벌이수단이 되어버린 주택에 대해서 괜한 말이나 하는 건 아닐까? 많은 걱정이 솟아났지만 주거안정에 대한 이웃, 동료, 그리고 우리 자신의 희망과 좌절을 들여다보고 문제점들을 함께 나누는 것만으로도 희망 찾기의 첫걸음이라 생각하고 시작하기로 했다.

"주택이란 무엇일까?"라는 질문에서 우리 연구는 시작되었다. 1948년 12월 10일 유엔총회 결의로 채택되고 전세계에 선포된 세계인권선언은 제25조 1항에 '모든 인간은 의식주와 의료, 필수적인 사회보장제도를 포함하는, 자신과 가족의 건강과 안녕을 위해 적합한 생활수준을 누릴 권리'를 갖는다고 명시했다. 즉 '의식주'의 하나인 주택은 인권의 보편적 가치를 유지하기 위한 필수재화라는 의미이다. 이러한 이유로 정부는 주택의 공공성을 강조하고 시장에 적극 개입해왔다. 그러나 한편으로 주택은 하나의 상품임을 부인할 수 없다. 주택을 사거나 빌리기 위해서는 돈이 필요하다. 수요와 공급에 의해 가격이 결정되고 수급 불균형 상황에서는 가격이 급등하는 등 주택은 시장 씨스템 속에서 상품으로 거래되고 있다. 이러한 측면 때문에 주택시장에 대한 정부의 과도한 개입은 사유재산 침해라는 논리가 힘을 얻고 있는 것도 사실이다. 결과적으로 주택은 경제적 재화로서 중요한 부의 축적수단인 동시에 삶의 질을 평가하는 유용한 지표라는 의미도 갖게 된다.

주택의 보편성과 상품성 중 어느 쪽에 무게중심을 두느냐는 시대에 따라 지역에 따라 달리 판가름날 것이다. 그러나 주택의 기본적인 역할이 편안한 안식처(shelter)여야 한다는 것은 분명한 사실이다. 따라서 국가의 경제적, 정치적 변화와 함께 주택은 시대상을 반영해왔으며 이에 따라 주택정책은 국민생활안정에 큰 영향을 끼치고 있다. 특히 우리나라의 경우 부동산이 전체 가계자산의 80% 이상을 점유하고 있기 때문에 개인의 사회적 신분과 삶의 질을 평가할 수 있는 중요한 척도로 작용하고 있다.

앞서 제시한 대로 주택은 양면성이 있기는 하지만 우리의 행복을 책임지는 중요한 역할을 한다. 그러나 이렇게 중요한 주택이 이제는 골칫거리가 되어버렸다. 부동산과 관련한 용어 중 우리에게 가장 익숙한 단어가 '주택문제'일 만큼 지난 수십년간 주택은 많은 문제를 일으켜왔다. 주택문제로 인해 빈부의 차가 더 벌어지고, 한번의 선택으로 직장인의 몇년치 연봉을 벌 수도 있는 주택시장의 상황이 근로의욕을 상실케 하는 등 사회 전반에 광범위한 문제를 일으켜왔다. 그래서 이제는 주택이라는 단어를 떠올릴 때 가족이 행복하게 사는 장소가 생각나는 게 아니라 집이 없어 고통받는 사람들과 집을 돈 버는 수단으로 생각하는 사람들이 먼저 떠오를 지경이다.

정부는 주택문제가 발생할 때 단시간 내 문제를 해결하기 위해 강력한 규제정책을 펴다가도 경기가 나빠지면 완화정책을 내놓는 냉온탕을 오락가락하는 태도를 취했다. 이런 행보는 시장을 더욱 불안정하게 하여 많은 국민이 주택정책만은 정부정책을 신뢰하지 않을뿐더러 정부가 주택문제를 해결할 능력이 없다고 판단한다. 또한 그동안 부동산으로 많은 돈을 번 집단이든 상대적으로 소외된 서민계층이든 모두 정부정책에 불만을 표하고 있다. 물론 이러한 현상은 주택을 바라보는 각 집단의 인식이 다르기 때문일 것이다. 그러나 지금까지 주택문제에 대한 우리사회의 이해나 해결방안에는 분명 문제가 있는 듯하다.

여기에는 다양한 이유가 있겠지만 정책수립을 위해 주택문제를 분석할 때 객관적 사실이나 보편타당하다고 여기는 생각만을 반영했기 때문으로 판단된다. 즉 머리로 이해하는 부분만 반영하고 실제 국민의 마음을 가슴으로 이해하지 못했기 때문이다. 주택시장에는 심리적인 요인이 매우 크게 작용한다. 예를 들어 가격 상승에 대한 기대감만으로 주택가격이 상승하고 주택가격 상승이 불안심리를 자아내 수요가 증가하는 현상을 쉽게 볼 수 있다. 따라서 다양한 계층의 국민들이 주택시장을 어떻게 판단하고 어떤 문제를 느끼는지, 해결방안이 무엇인지 들어보고 이에 대한 충분한 의견수렴을 거쳐 정책을 수립하는 과정이 반드시 필요할 것이다. 어떻게 하면 우리사회의 다양한 의견을 한데 모아볼 수 있을까? 지금까지 주택문제 해결을 위한 연구의 문제는 무엇이었을까?

돌이켜보면 그동안 정부정책 수립을 위한 조사나 연구는 객관적 수치를 기준으로 한 이론적이거나 계량적인 연구에 그쳤고, 다양한 현안에 대한 사회구성원의 의견을 직접 들어보는 과정은 생략되었다. 따라서 본 연구에서는 다양한 사회 현안을 이해 당사자들을 심층면접함으로써 제도나 통계만으로는 파악할 수 없는 문제점을 찾아내고 해결방안을 제시하려 했다.

2. 연구방법

이 연구는 질적 방법의 하나인 구술면접을 주요 연구방법으로 활용하였다. 연구 주제와 관련된 체험을 한 사람들을 만나 이야기를 들은 후 녹취록을 분석하고 재구성하여 새로운 이해와 결론에 이르는 방식이다. 이러한 접근방법은 일상의 구체적 경험세계로부터 우리사회의 문제점을 도출해내고 해결방향을 설정해보려는 우리시대 희망찾기 연구의 목적에서부터 우러나온 것이다. '사회통합에 찬성하십니까?' 또는 '무엇이 사회통합의 걸림돌이라 생각하십니까?'라는 질문과 함께 몇개의 답안을 던지는 방식으로는 복잡하기 그지없는 주택문제를 이해하는 데 한계가 있을 수밖에 없다. 그럼에도 주택 분야에서 양적 연구방법이 주로 활용된 까닭은 정책적 결과물을 도출해야 한다는 압박감 때문이기도 하다. 가시적인 연구결과가 도출되어야만 정책에 활용하기 용이하기 때문이다. 그러나 우리시대 희망찾기는 이런 연구방법이 갖는 한계를 넘어 더욱 내면적이고 진실에 근접하는 문제를 찾아내려 했다.

현실의 삶에서 부딪히는 다양한 문제를 해결하고 싶어하는 일반인들에게 그동안 주택 관련 연구는 너무 어렵고 이론적이며 학구적이고 전문적이어서 이해하기 어려웠다. 이 연구는 질적 방법을 통하여 일상생활의 생생한 체험을 통해 주택문제를 규명하고 해결방안을 제시하고자 하였다. 주택문제가 전문지식을 요하는 것이어서 때로는 이해 당사자들도 잘못된 정보를 알고 있는 경우가 있다. 따라서 면접자의 사전 준비가 매우 중요했다. 또 구술자 역시 대표성을 띤 적절한 대상을 선정하기 위해 노력했다. 예를 들어 강남 이야기의 경우 전형적인 강남 거주자 외에 강남에 사는 세입자, 자녀교육 때문에 어렵게 강남에 사는 사람까지 다양한 대상자를 선정해야 하므로 섭외과정에서 연구에 담으려는 내용을 이야기할 수 있는 적절한 인물을 선정해야 했다.

3. 연구과정

이 연구를 수행하기 위한 연구진은 주택 분야 연구자들로 구성했다. 서울벤처정보대학원 부동산학과의 최민섭 교수가 연구책임을 맡아 진행했고 메리츠증권의 강민석 박사, 주거환경연구원의 김태섭 박사, 나사렛대학교의 남영우 교수, 메리츠증권의 최은영 박사, 국토연구원의 천현숙 박사 등이 참여했다. 또한 건국대학교 부동산학과의 조주현 교수가 감수를 맡았다.

주택이나 부동산 분야는 경제정책의 대상이었기 때문에 그동안 정책학적, 계량적으로 접근해왔다. 따라서 우리시대 희망찾기가 지향하는 보통사람들의 삶속으로 들어가 문제를 들여다보는 방법론은 연구진들 모두에게 생소하였고 이로 인해 시작단계부터 많은 문제가 노출되었다. 따라서 우리는 수시로 원고를 중간점검하고 워크숍을 통해 연구 완성도를 높이기 위해 노력했다. 생소한 연구방법인 구술면접 방법에 대해서는 이희영 교수에게 강의를 듣고 많은 도움을 받았다.

중간점검 결과 각 장의 내용이 너무 독립적이어서 하나의 공동연구로서의 의미를 찾기 어려웠고 구술자의 면접자료를 활용하는 방식에서도 편차가 컸다. 연구자들이 질적연구방법론에 익숙하지 않아 면접자를 섭외하는 과정도 힘들었을 뿐 아니라 면접자료를 주관적으로 요약하거나 생략하는 경우도 있었다. 가끔은 인터뷰를 마친 후에, 꼭 해야 하는 질문이 비로소 떠오르기도 하고 어떤 경우에는 대화가 주제에서 크게 벗어나 엉뚱한 이야기를 담아오기도 했다.

무엇보다 가장 큰 문제점은 전체 연구를 관통하는 주제의식이 부족하다는 점이 었다. 이미 면접은 완료된 상태였기 때문에 가급적 해당 자료를 활용하면서 연구 맥락을 찾아가는 작업이 다시 시작되었다. 우리는 몇차례 회의와 워크숍을 통해 서로의 원고를 논평하고 문제의식을 공유하고자 노력했다. 많은 논의를 거쳐 집의 의미를 안식처, 경제적 자산, 타워팰리스 같은 신분의 상징물로 구분하고 우리사회에서 계층에 따라 집의 의미가 다르게 부각되고 있다는 점을 주제로 설정했고, 이런 주제의식하에 각자의 글을 다시 수정했다.

마지막까지 우리를 가장 힘들게 한 것은 연구논문식의 글쓰기 방식을 탈피하는 것이었다. 보통사람들이 쉽게 읽을 수 있는 책을 만들고자 했으나 연구자들 대부분이 논문식 글쓰기에 익숙해 있기 때문에 논문투의 글쓰기를 벗어나기가 쉽지 않았다. 이 과정에서 희망찾기 연구의 총괄책임자인 유시주 선생과의 개별면담이 큰 도움이 되었다. 유시주 선생은 연구자라기보다는 독자의 입장에서, 그리고 우리시대 희망찾기 전체 연구를 총괄하는 책임자 입장에서 각 집필자의 원고를 논평을 주셨고 이는 글의 완성도와 체계를 재구성하는 데 많은 도움이 되었다.

연구과정에서의 어려움도 있었지만 서로 고민하고 외부의 도움도 받아가면서 몇차례 수정을 거쳐 우리시대 희망찾기가 지향하는 특성을 갖춘 글들이 완성되었다. 한국사회에서 부동산 문제를 이렇게 정서적으로 접근한 책은 찾기 어렵다. 그래서 이러한 시도가 주택문제를 바라보는 새로운 관점을 제시할 수 있다고 생각한다. 주택문제가 모든 사람에게 중요한 만큼 연구성과도 전문가들뿐만 아니라 누구든 접할 수 있도록 쉽게 만들어져야 할 것이다. 우리가 주택문제를 바라보는 새로운 시각과 문제의식을 제시하고자 한다면, 더욱 많은 사람이 그런 성과를 공유할 수 있도록 글을 써야 한다는 점을 실감했다는 점도 이 연구의 성과로 꼽고자 한다.

4. 글의 구성

본 연구는 동시대를 살아가는 사람들의 주택에 대한 인식을 토대로 우리시대의 주택문제를 되짚어보기 위한 것이다. 우리는 먼저 어떻게 하면 가급적 많은 의견을 담아낼 수 있을지 고민하면서 크게 여섯가지 주제를 선정했다. 주택에 대한 인식, 공공임대주택, 주택금융, 지방의 주택문제, 신도시, 뉴타운이 그것이다.

전체적인 연구책임과 1장 '집은 당신에게 무엇인가?'는 최민섭 교수가 맡았고, 2장 '공공임대주택'은 남영우 교수, 3장 '주택금융의 희망찾기'는 최은영 박사, 4장 '주택문제는 수도권만의 문제인가?'는 강민석 박사, 5장 '신도시 개발의 희망과 절망'은 천현숙 박사, 6장 '뉴타운, 떠나는 자와 남는 자'는 김태섭 박사가 맡아 집필했다. 인터뷰는 주제별로 연구자가 직접 구술자를 선정하고 진행했다.

먼저 집의 의미를 되새겨보고자 강남 사람들을 만났다. 부자집단을 가리키는 대표적인 상징이 바로 '강남'과 '강남 아파트'다. 현재 강남은 선망의 대상이자 질시의 대상이고 한국사회를 지배하는 욕망과 욕구의 발신지가 되고 있다. 이런 '강남'을 논할 때 필연적으로 따라붙는 것이 '아파트'이고 아파트를 논하지 않고 '강남'을 논할 수 없다. 사회 양극화의 진원지 강남에는 다양한 사람이 산다. 무주택 서민, 자녀교육을 위해 강남으로 생활터전을 옮긴 사람, '강남 속의 강남'에 살면서 불로소득을 통한 자산가치 상승을 즐기는 사람 등, 우리는 다양한 사람들의 의견을 담고자 했다.

두번째 주제는 공공임대주택이다. 주거문제에서 우리사회의 취약계층이라고 할 수 있는 공공임대주택 거주자 및 관리소장, 관련 시민단체 등의 의견을 듣고 좀더 살기 좋은 공공임대주택을 만들기 위한 고민을 함께하고 해결방안을 찾아보았다. 지금까지 공공임대주택에 대한 정책은 물량 확보에 치우쳐진 측면이 있다. 물론 우리나라의 공공임대주택 비율이 선진국에 비해 현저히 낮으므로 그 역시 중요한 부분이다. 그러나 실제 거주하는 사람들의 고민은 무엇인지, 더 좋은 공공임대주택 건설을 바라는 현장의 의견은 무엇인지를 들어보고 분석함으로써 더욱 지혜로운 해결방안을 찾는 데 보탬이 될 것으로 기대한다.

세번째 주제는 서민의 주택금융이다. 주택을 구입할 때 전액을 스스로 조달하기는 어려운 것이 현실이다. 따라서 서민을 위한 주택금융은 '내 집 마련'을 위해서 매우 중요하다. 그러나 서민은 돈 빌리기가 어려운 반면 집이 여러채 있는 계층은 오히려 쉽게 주택금융을 이용할 수 있는 문제가 있었다. 이렇다 보니 주택금융이 양극화를 가속화하는 역할을 하기도 했다. 본 연구에서는 이러한 주택금융 구조를 근본적으로 바꿀 수 있는지 실제 주택금융을 이용한 사람과 관련 기관 담당자들의 의견을 들어보았다.

또하나의 분야는 신도시 개발이다. 사실 주택공급량이 절대적으로 부족했던 과거에는 대규모 신도시가 주택보급률 제고와 서민들의 내 집 마련에 큰 역할을 했다. 그러나 신도시 개발의 이면에는 삶의 터전을 상실한 원주민의 주거문제와 막대한 보상금이 부동산 시장을 불안정하게 만드는 문제가 있다. 본 연구에서는 다양한 이해 관계자의 의견을 통해 향후 신도시 개발의 방향성을 고민해보려 했다.

신도시 개발이 도시지역 외곽 개발이라면 뉴타운은 도시지역 안에서의 개발 형태다. 서울의 경우 뉴타운 개발은 강남북간의 격차를 해결하기 위한 방안으로 관심을 모았으나 최근에는 원주민 재정착률이 현저히 낮아 결국 돈 있는 사람들을 위한 잔치라는 비판이 제기되고 있다. 본 연구에서는 재개발구역 원주민과 정책 입안자 등 다양한 관련자들 의견을 들어보았다.

마지막으로 우리가 수도권에만 집중한 나머지 가볍게 다루고 있는 지방의 주택시장를 고민해보았다. 최근 3~4년간 주택가격이 안정된 지방의 주택시장은 정부에서 그토록 원하는 '주거의 개념'으로 전환된 사례라고 할 수 있다. 그러나 '주거의 개념'으로 전환된 지방의 거주민은 과연 행복할까? 행복하지 않다면 무엇이 문제일까? 지방 거주자, 지방 건설회사 직원 등 지방 주택시장 참여자들의 의견을 들어보았다.

우리가 다루는 여섯가지 주제가 주택과 관련된 우리사회의 모든 문제를 담을 수는 없을 것이다. 그러나 우리는 주택문제 중에서도 가장 핵심이 되는 문제를 다루기 위해 노력했다. 이 책이 우리시대의 희망을 찾는 작은 디딤돌이 되기 바란다.

우리시대 희망찾기

집은 당신에게 무엇인가?

01장

집은 당신에게 무엇인가?

'강남'이라는 브랜드

우리사회에서 '강남'은 더이상 서울의 특정 지역을 가리키는 고유명사가 아니다. 듣는 사람에게 갖가지 이미지와 정서적 반응을 불러일으키는 풍부하고 예민한 상징어이다.

강남은 일종의…… 곧 잘사는 사람, 가진 자, 권력, 그다음에 부패, 어떤 질투, 그다음에 인색함, 여러 가지 의미들이 함축되어 있는, 녹아 있는 게 아닌가 싶구요.(박인형, 8면)

저는 아무 생각 안 들어요. 그냥 이런 것은 있더라고요. 제가 타워팰리스에 산다고 하면 사람들이 밖에 나가면 대접을 많이 해줘요. 사모님, 사모님 하면서. 아무튼 많이 저한테 잘 보이려고 그러고, 손님으로 끌려고 하고. 그런 거랑 똑같은 이치겠지, 그게. 어떻게 해서든 고객으로 유치를 하려고 하고. 실제로 타워팰리스에 산다는 것 때문에 대접은 많이 받아요.(한혜숙, 14면)

박인형씨(42세)는 부동산 컨썰팅 업체 임원이다. 서초구 잠원동의 아파트에서 아내, 초등학교 6학년 아들과 함께 살고 있다. 한혜숙씨(45세)는 강남구 도곡동의 타워팰리스에 사는 전업주부이며, 남편은 국책연구소에 다닌다. 아이들은 대학교 2학년, 고등학교 2학년, 초등학교 4학년이다.

박인형씨는 '강남' 하면 사람들이 흔히 떠올리는 이미지들을 긍정적인 면과 부정적인 면으로 나누어 이야기한다. 돈과 권력 같은 것을 먼저 떠올리되 거기에 따라붙게 마련인 부패와 인색함, 그리고 다른 이들의 질투를 함께 연상한다. 같은 강남 주민이지만 전업주부인 한혜숙씨의 반응은 조금 다르다. 객관적으로 무엇이 연상되는가에 대해서는 '아무 생각이 안 든다'면서 타워팰리스에 산다고 하면 사람들이 대접을 많이 해준다는 주관적인 경험을 이야기한다. 이는 '강남'을 객관화하기에는 한혜숙씨 자신이 '강남'과 정서적으로 매우 밀착되어 있기 때문인 듯하다. 어쨌든 한혜숙씨도 '강남 사람'이 곧 '잘사는 사람'으로 인정받으며 그래서 어딜 가든 대접받는다는 것을 알고 있다.

강남이라는 고유명사가 '강남'이라는 특별한 브랜드가 된 까닭은 말할 것도 없이 강남지역의 자산가치가 특별하기 때문이다. 강남의 아파트는 전국에서 가장 비쌀 뿐 아니라 집값 동향을 주도한다. 그래서 집값이 폭등하던 참여정부 시기에는 강남 아파트 값을 잡는 것이 주택정책의 초점이 되기도 했다.

행정적으로 강남구, 서초구, 송파구를 지칭하는 이른바 강남지역은 애초에는 신도시처럼 주택정책의 일환으로 개발되지는 않았다. 강남 개발은 '한강 이북에 많은 인구가 모여 살면 북한의 남침시 한강을 건너 피란하기 어렵다'는 박정희 대통령의 안보관에서 비롯된 것이다. '전쟁시 도강용'으로 1966년 착공한 제3한강교(현재의 한남대교)를 1969년에 준공하고, 1968년 2월에 착공한 경부고속도로를 1970년 7월에 개통했는데, 이것이 강남개발을 촉진한 토대가 되었다.

그러나 1970년대 중반까지도 강남의 주택건설은 부진했고 강남으로 주거를 옮기는 이들도 극히 적었다. 이에 정부는 '특정지구 개발 촉진에 관한 임시조치법'까지 제정하여 주거지 개발을 추진했다. 강남을 특정지구로 고시하고 각종 세제혜택을 주어 개발을 촉진하는 한편 '아파트 지구'라는 새로운 개념까지 도입하여 반포동, 잠원동, 잠실동, 압구정동, 도곡동 일대에 민간 아파트 건설을 장려했다. 이것이 강남 일대가 아파트 숲으로 뒤덮이는 결정적인 계기가 되었다.

그러다 1970년대 중반부터 불기 시작한 부동산투기 바람을 타고 아파트 자산가치가 올라갔고, 압구정동을 시작으로 청담동 등지로 '강남' 브랜드화가 점차 진척되어 이제는 강남 3구 전체를 아우르게 되었다. 그리하여 집값이 다른 지역보다 높기는 했으나 그렇다해도 2000년 이전까지는 지금처럼 심하지 않았다. 격차가 심해진 것은 2003년에 시작된 집값 폭등 이후이다. 이러한 현상은 부동산의 속성인 위치의 고정성, 즉 부동성과 이로 인한 지역시장(Local

Market) 형성에 기인한 것으로, 앞으로도 특정 지역의 브랜드화는 더 확산될 것으로 보인다.

지금은 왜 명품 명품 하잖아요. (…) 사람이 자기들의 소유에 대해서 남들과는 좀 차별화해야 되겠다 해서, 거기에 동물과 다른 점이 있는 것 같아요. 계속적으로 명품 아파트를 찾는 거예요. 타워팰리스만 보더라도 타워팰리스에 산다고 하는 그 자체가 중요한 거예요. 그래서 젊은이들은 타워팰리스에 가려고 애를 많이 쓰지요. 일반 중소기업의 전문인들도 그쪽으로 가려고 하고. 그리고 일반 사업자가 아닌 의사나 변호사나 연예인도 그쪽으로, 전부 그쪽으로 가려고 해요. 그 이유는 타워팰리스라는 브랜드가 있어서 그런 것 아니냐 그렇게 봐요. 사실상 타워팰리스에 실제로 사는 친한 사람들 얘기를 들어보면 "전기세 많이 나온다" 그다음에 "공기 소통이 안된다" 그리고 "외출할 때 불편하더라" 그렇게 얘기해요. (…) 외부에서 보면 타워팰리스를 동경하는 사람들이 많은 것 같아요. (…) 타워팰리스에 오피스텔도 있어요. 물론 102평짜리도 있지만. 타워팰리스에 산다고 하면 사람을 달리 본다 하는 그런 느낌을 가지고 있나봐요. 그런 기분으로 사는 사람들이 있나봐요. (…) 우리사회가 그래요. 차 크기에 따라, 아파트 평수에 따라, 아파트 이름에 따라 사람을 달리 보는 기준이. 그런 묘한 뭔가 있나봐요. 그래서 그쪽(타워팰리스)으로 옮기려고 하는 사람이 있나봐요. (이성재, 17~18면)

이성재씨(59세)는 강남에서 공인중개소를 운영한다. 그의 말처럼 '강남' 브랜드화라는 흐름은 '강남'에서도 타워팰리스 같은 특정

아파트를 더욱 특별한 브랜드로 만드는 상황으로까지 나아가고 있다. 타워팰리스에는 관리비가 많이 나오고 공기 순환이 잘 안되며 외출하기가 불편하다는 단점들이 있다. 그러나 브랜드화로 인해 사람들은 "타워팰리스에 산다는 것 자체"를 중요하게 생각한다. "타워팰리스에 산다는 것 자체"가 중요한 이유는 브랜드가 주는 이미지 때문이다. 명품 소비의 본질, 즉 상품이 아니라 이미지를 소비하는 행위가 아파트에도 적용되는 것이다. 타워팰리스가 명품이 된 까닭은 "차 크기에 따라, 아파트 평수에 따라, 아파트 이름에 따라 사람을 달리 보는 기준"이 작동하기 때문이다. 건설회사들은 이런 흐름을 놓치지 않고 자사의 아파트 브랜드 가치를 높이기 위해 유명 연예인을 등장시키는 이미지 광고에 많은 비용을 쓰고 있다. 특히 분양가가 자율화된 이후 아파트에서도 고급화, 차별화 현상이 나타나면서 이런 흐름이 더 두드러지고 있다. 마침내는 '당신이 사는 곳이 당신을 말해줍니다'란 광고 카피까지 등장했다.

'강남', 그중에서도 '명품 아파트'는 부유층들이 자신의 계급을 가장 효과적으로 타인에게 과시하고 차별화할 수 있는 표식임에 틀림없다. 최근 한 결혼정보업체에서 남녀 결혼관을 조사한 바에 따르면 우리나라 미혼 남녀는 결혼한 뒤에도 신혼집을 강남에 차리고 싶어하는 것으로 나타났다. 설문조사에 따르면 현재 강남에 살고 있는 남성 74%와 여성 62%가 신혼 주거지로 강남지역을 원한다고 답했다. 반면 강북지역을 선호하는 비율은 남여 공히 2% 미만으로 나타났다. 이러한 현상은 사람들이 집을 삶의 터전이라기보다는 자산축적의 수단, 나아가서는 사회적 신분의 표식으로 인식하기 때문일 것이다. '강남'은 이제 선망과 질시의 대상, 한국사회를 지배하는 욕망과 욕구의 발신지가 되었다.

'강남' 속의 '비강남'

대학 동기들 모임이 얼마 전에 있었는데, 강북에서 두명이 왔고, 수원 영통지구에서 한명이 왔고, 반포하고, 저하고 이렇게 왔거든요. 저희는 전세 사는데, 만약에 우리집이라면 말을 제대로 못할 것 같아요. 그런데 세입자잖아요. 세입자니까 약간 꼬죠, 그쪽 사람들이. "너, 애들 공부 잘하게 하려고 이쪽으로 왔냐?" 뭐, 이런 식으로요. (…) 쉽게 이야기해서 식사비를 내도 "너네들이 내라. 네가 부자니까" 그래요. 그건 그쪽의 선입견인 것 같아요. 똑같은데…… TV나 방송에서 너무 강남, 강남 하니까 그쪽에 사는 사람들이 일단 자신들이 소외되는 느낌을 갖는 것 같아요. 여기 사람들은 전혀 아닌데. 그렇게 생각하지 않나 싶어요. 우리가 쉽게 친구들을 만나도 "너희들은 강남에 살잖아. 강남 사는 사람이 뭘 좀 해봐" 그래요. 정말 아무것도 아닌데…… 정말 아무것도 아니거든요. (…) 실제로 와보면 더 서민적으로 사는 사람도 많아요. 강남이라고 다 부자만 살지는 않아요. 제 생각으로는 부자 절반 서민 절반 사는 것 같아요.(김인숙, 15면)

대치동 은마아파트에서 전세를 살고 있는 전업주부 김인숙씨(43세)는 강남에 살고 있긴 하나 세입자 처지라 스스로를 '강남' 사람이라고는 생각하지 않는다. 그러나 '강남'이라는 브랜드 때문에 싸잡혀서 '강남 사람' 대우를 받으면 심란하다. 강남에 산다는 이유로 자기도 모르게 다른 지역에 사는 친구들을 "그쪽 사람들"이라고 통칭하긴 하지만, 속을 들여다보면 "그쪽 사람들"보다 오히려 형편이 못하다고 느끼기 때문이다.

김인숙씨는 대치동으로 이사 오기 전 잠실 5단지에 살았다. 그때 5억 9000만원에 급매물이 나와 계약을 하러 갔다. 그런데 계약하자던 주인이 안 나타나는 바람에 집을 사지 못했다. 이후 그 집은 7억에서 10억, 나중에는 12억원까지 올랐다. 그때 그 집을 샀으면, 그 집이 아니라도 좀더 돈을 얹어 다른 집이라도 샀으면 지금과는 처지가 판이하게 달라졌을 거라 생각하니 말할 수 없이 속상하다. 하지만 지금은 오르면 오르나보다 내리면 내리나보다 하고 욕심 없이 산다고 한다. 월급쟁이인 남편 수입으로는 감히 쳐다볼 엄두가 나지 않기 때문이다. 김인숙씨는 자신이 전세 사는 아파트 값이 10억원이 넘는 사실이 아직도 실감이 안 난다고 한다. 남편 월급으로는 주택 마련을 위한 저축은 고사하고 자녀 교육비 충당하기도 벅차 마이너스 통장에 의존하는 실정이다.

그럼에도 동창회에서 만난 친구들은 강남에 산다는 이유만으로 "너희들 돈 많으니까 밥값 내라"고 한다. 김인숙씨 자신이 강남에 집을 갖고 있으면 별 말 없이 밥값을 계산했을 것이다. 집값이 하늘 높은 줄 모르고 뛰니, 낼 만하다고 생각하기 때문이다. 사람들은 강남에 살면 다 '강남 사람들' 취급하지만 사실은 그렇지 않다. 강남에는 알고 보면 "정말 아무것도 아닌", 다시 말해 '강남'으로 포괄될 수 없는 사람들이 '강남 사람들'만큼이나 많다.

강남에서도 잘사는 사람하고 못사는 사람, 그냥 어지간한 샐러리맨하고는 굉장히 차이가 나는 거 같아요. 그래서 어떤 사람은 강남 산다면 "출세했네" (그러는데) 한마디로 쪽팔리는 거지요. 거기[부자들] 부(富)하고 겨우 집 한 채 가지고……. 강남 커뮤니티에 들어왔다 하지만 안으로 막상 들어와 보면 초라하기 그지없죠. 가진 것도 없고. 오히려 상대적 빈곤감을 충분히 느낄 수 있는……. 아파트 단지에 그랜저 이하의 차가 없을 때, 절반 이상이 외제차일 때, 오히려 국산차가 천연기념물이 되었을 때, 5000~6000원짜리 스타벅스 커피 마시기를 일상생활처럼 할 때, 자녀들의 과외비 정도를 볼 때 상대적 빈곤감을 느껴요.(박인형, 14면)

박인형씨 역시 서초구 잠원동에 살고 있으니 강남 사람이다. 그래서 김인숙씨처럼 강남에 산다는 이유만으로 "출세했네"라는 말을 들을 때가 있다. 그렇다고 자신이 '강남 사람'이라고는 생각하지 않는다. 그가 사는 잠원동은 강남에서는 상대적으로 중소형 아파트가 밀집해 있고 직장인들이 많이 살고 있어 '강남 사람들'하고는 자산이나 소득에서 많은 차이가 나고 생활방식도 다르다. 주차장 차량의 절반이 외제차인 진짜 '강남 사람들'의 생활수준과 "겨우 집 한 채 가지고" 있는 자신을 비교하면 스트레스를 받는다. 그는 그것을 "마음속의 또다른 장벽"이라고 표현했다.

재테크를 몰라서 집을 못 산 사람은 참 바보인 것 같아요. 제가 바보인 것 같아요. 너도나도 집에 대해서, 재테크에 관심이 많고 융자를 얻어서 집을 사고 이러는 시점에 사실은 저는 간이 작아서……. 융자를 얻어서라도 집을 샀어야 되는데……. '그렇게까지 해야 되나' 싶어서. 월급 타는 것을 가지고 계산을 해보니까 몇억씩 융자를 해서는 감당이 안돼서, 사실은 겁나서 못 산 것이거든요. 그러나 결론적으로 그렇게 한 사람들이 맞다는 결론을 지금에서야 얻게 된 거예요. (…) 저처럼 월급 받아서 적금 부어서 집을 늘리고 또 사야지 하는 것은 강남에서는 꿈도 못 꾸는 이야기 같아요. 그렇게 하는 사람은 어리석은 사람인 것 같아요.(김찬숙, 6면)

옛날에는 저축을 해서 목돈이 생기면 집을 사려고 했거든요? 그런데 지금은 거꾸로예요. 대출을 어떻게 해서라도 받아가지고 이자를 갚아나가면 나중에 일정 기간, 즉 몇년이 지나면 그게 자기 집이 되는 거예요. 그런데 목돈을 마련해서 집을 사려고 하면, 목돈 마련해놓으면 집값이 올라가고, 또 사려고 하면 또 올라가……. 절대 살 수가 없어요. 우리나라 구조로 봐서는.(이성재, 12면)

김찬숙씨(43세)는 개포동 주공아파트에서 전세 사는 주부이다. 남편은 월급생활자이고 아이가 둘 있다. 남편의 월급만으로 생활하는 김찬숙씨는 집 장만 하려고 저축을 해왔지만 이제는 포기한 상태다. 알뜰히 적금 부어서 집을 사는 일일랑은 꿈도 꿀 수 없는 현실임을 깨달았기 때문이다. 남들이 부동산이다 재테크다 할 때 관심을 기울이지 못했을 뿐 아니라, 남들처럼 융자 받아서 일단 집을 사놓고 봤어야 하는데 겁이 나서 그렇게 못한 자신을 바보라고 탓할 뿐이다.

주택 구입에는 큰돈이 들어가는데, 한국주택금융공사의 모기지론을 이용하면 집값의 30% 정도만 갖고도 장기 고정금리에 원리금

균등상환 조건으로 대출을 받아 집을 살 수 있다. 그러나 일반 주택 담보대출의 경우 집값이 비쌀수록 대출금 규모가 커지기 때문에 원리금 상환 부담이 커져 월급생활자는 이 대출을 받기도 쉽지 않다.

김찬숙씨의 경우도 남편의 월급 인상 폭이 소비자물가 상승률 수준인지라 기본 생활비와 자녀 교육비를 빼고 나면 거의 저축을 할 수 없다. 게다가 임대차계약 종료 시점이 다가오면 전세금 인상분을 구하느라 백방으로 뛰어다녀야 한다. 이처럼 자기 집이 없으면 주거 비용이 커지므로 가처분소득이 감소해 자연히 소비도 줄어든다. 가정경제가 악순환 구조에 빠지는 것이다. 이러한 소비 감소 현상은 국가경제에도 나쁜 영향을 미쳐 기업 채산성이 떨어지고 실업률이 오르는 데 일조하기도 한다.

김찬숙씨가 뒤늦게 결론을 내렸듯이 월급을 아껴 저축해서 내 집을 마련하려 한 사람과 무리해서라도 은행대출과 주변의 도움으로 집을 장만한 사람의 차이는 적지 않다. 김찬숙씨는 오르는 전세금을 조달하는 데 급급하지만, 무리를 해서라도 집을 산 사람은 적어도 그런 걱정은 안해도 될뿐더러 매각할 경우 시세차익도 누릴 수 있는 것이다.

2005년 기준 우리나라의 주택 자가 점유율(자신 소유의 주택에서 사는 사람들의 비율을 나타내는 지표)은 전국 55.6%, 서울 44.5%이다. 서울 중에서도 강남 3구(강남구, 서초구, 송파구)는 41.4%로 상대적으로 더 낮다.[1] 강남에 산다 해도 열명 중 네명 정도만 내 집에서 살고, 나머지 여섯명은 남의 집에서 상대적 빈곤감을 느끼며 사는 것이다. 따라서 강남에 산다고 해도 절반이 넘는 사람들은 비강남권에 사는 사람들보다 주거 불안을 더 많이 느낀다. 또한 IMF 경제위기 이후 서울에서는 부동산 가격 차별화, 지역 동질성 강화, 거주지의 사회·경제적 특성이 타인을 배제하는 수단이 되는 이중도시(Dual City: 양극화 현상의 은유로, 동일한 공간 안에 부와 빈곤이 공존하는 도시를 말한다)가 형성되고 있다. 또한 강남에서는 부의 축적과 재생산 방식이 다른 지역과 차별화되고 있어 거주공간에 따른 공간적 불평등이 심화되고 있다.[2]

두 마음, 그리고 사교육

대한상공회의소의 2006년도 가계 자산 보유 현황조사에 의하면 우리나라 가계 자산의 88%가 부동산으로, 압도적인 비중을 차지하는 것으로 나타났다. 따라서 주택을 중심으로 한 부동산 가격의 상승은 곧 자산가치 상승으로 이어져, 부동산 소유 여하에 따른 자산가치의 차를 더 크게 벌려놓는다. 자본주의사회에서 자산가치의 불평등은 기회의 불평등을 뜻하며, 이는 부익부 빈익빈을 심화시키게 마련이다.

경제적 불평등 가운데서도 자산 불평등, 그중에서도 특히 부동산 문제는 체감지수가 아주 높은 사안이다. 20년에 걸친 개발독재 시대에 기업이나 특권층이 부동산투기로 자산을 축적한 '역사적 원체험'을 많은 사람들이 기억하고 있기 때문이다. 부동산투기는 불평등과 부정의에 대한 시민의 감각을 극도로 자극한다. 권위주의 시대에 횡행하던 이런 부정의가 사후에라도 심판을 받기는커녕 '강남불패'의 신화로 이어짐으로써 민주주의 가치와 사회정의에 대한 신뢰

를 근본적으로 위협하고 있다.[3]

'강남'의 자산가치 상승과 브랜드화에 대해 '강남 사람들'과 '강남 속의 비강남 사람들'은 어떻게 생각할까?

그건 자연스러운 현상이라고 생각하는데요. 왜냐하면 우리가 물건을 하나 사도 명품이 있고 똑같은 제품임에도 브랜드 가치가 있듯이. 그러한 것은 자연스러운, 시장에서 자연스럽게 형성된 것이라 보기 때문에 그건 크게 뭐……. 어디 가나 비싼 집 있고 싼 집이 있잖아요. 그렇듯이 똑같은 것 아닌가요?(서봉수, 14면)

공무원인 서봉수씨(50세)는 서초구 방배동의 자가 연립주택에서 아버지를 모시고 2세대 다섯 식구가 함께 살고 있다. 강동구에 아파트가 한 채 있는데 재건축중이라고 한다. 그는 지금처럼 집값이 오르는 게 바람직하지는 않지만, 시장의 원리에 따른 것이므로 자연스러운 현상이라고 받아들인다. 강남의 브랜드화에 대해서도 "커피 한잔 마시더라도 자판기 커피가 있고 호텔 커피가 있듯이 집이라고 예외일 수는 없다"고 말한다. 강남의 집값 폭등에 대해선 시장논리에 맡겨놓아야 하는데 정부가 무리하게 규제하는 바람에 역효과를 불러 오히려 집값을 더 올려놓았다고 평가했다.

한혜숙씨는 타워팰리스 외에도 집이 두채 더 있으며, 수도권에 상당한 면적의 땅도 소유하고 있다. 진짜 '강남 사람'이라고 할 수 있을 것이다. 11억원에 산 타워팰리스가 30억원으로 오른 사실을 들어 혹시 다른 사람들의 비판이 신경 쓰이지 않느냐고 물었더니 이렇게 답했다.

저는 미안한 느낌 안 들어요. 왜냐하면 제 생활 자체가 항상 저는 열심히 살아요. 저는 뭐, 여태까지도 열심히 살아왔고, 또 진짜 열심히 살거든요? 그래서 그거에 대한 보답이지 그냥 뭐 내가 운이 좋아서, 그냥 이게 어느 날 뚝딱 된 거라고 생각은 안하거든요? 결혼해서부터 여기까지 아무튼 뭐, 애들은 애들대로, 재테크면 재테크, 내가 학교면 학교, 진짜 저는 열심히 살았어요. 뭐, 웬만하면 친구도 많이 안 만나고, 아무튼 사람들하고 점심 먹으면서 노닥거리는 그런 시간도 좀 줄이고. 아무튼 뭔가를 좀 이루어보려고 진짜 열심히 살았거든요. 그래서 오늘날의 내가 있고. 항상 제 좌우명은 오늘보다 내일이 나아야 하고, 내일보다 모레가 나아야 한다는 그런 좌우명을 가지고 항상 좀 열심히 살았어요. 그리고 지금도 마찬가지고. 지금 이 시점에서 제가 생각하는 게 음……. 제가 지금 마흔다섯살인데, '그래 내 인생 지금부터 다시 시작한다'. 뭐 지금 마흔다섯살인데, 그래 뭐. 요새 DNA니 뭐니 많이 발전을 했기 때문에 지금은 평균수명이 여든이지만, 우리가 죽을 때는 아흔까지도 살 수 있지 않나. 그렇게 따지면 딱 반 살았는데, 반을 앞으로 더 잘살기 위해서 어떻게 살아야 하나 이런 생각을 하면서 지금부터 다시 공부도 하고 갖출 것 갖추면서 다시 시작하는 생각으로 열심히 살아야겠다, 이런 생각을 하거든요. 항상 그런 생각을 가지고 살기 때문에. 이거는 제가 생각하기에 그냥 뭐 운이 좋아서 왔다고는 생각을 안해요. 그리고 옆에 있는 사람들도 마찬가지고요.(한혜숙, 15면)

믿기 힘들지만, 한혜숙씨는 신혼 때 전세를 살았다 한다. 지금의 부는 그렇게 출발해 사람 만나는 시간도 줄여가며 열심히 살아온 대가이므로 미안한 마음은 전혀 없다고 말한다. 아이들 진학이든 재테크든 정보를 모으고, 정확히 판단하며, 제때 투자하기 위해 최선을 다했다는 얘기다. 자신뿐만 아니라 다른 '강남 사람들'도 그렇다고 생각한다. 그래서 당당하고 떳떳하다.

재산세는 낼 만한테 종부세는 터무니없이 많이 내라고 그러니까. 좀 억울하고 그래요. 그런데 어떻게 생각하면, 저는 이렇게 생각해요. 종부세 이런 현상들이 내가 내는 게 아니고 집값에 얹어져서 나중에는 부익부 빈익빈 현상이 더 심해질 거예요. 내가 이거 내면서 억울하기는 하지만 이게 어차피 집값에 얹어지고 이것을 '그래, 내가 미리 내주고 다음 매수자한테 받는다'고 생각하고 내거든요. 근데 분명히 또 그렇게 될 거고. 그렇기 때문에 이렇게 해가지고 오히려 부동산 가격을 올리는 효과가 나고.(한혜숙, 13면)

불만이 있다면 새로 도입된 종합부동산세인데, 그 또한 길게 보면 손해는 아니라고 생각한다. 당장은 억울하지만 그간의 경험으로 보아 집값에 '얹힐' 것이므로 다음 매수자 대신 미리 내주는 거라 생각하면 그리 억울할 것도 없다는 말이다.

두 가지 상반된 생각이 들어요. 하나는 그렇게 똑같은 환경에 있다가 집을 사서 집 한채로 십 몇억이 되는 부자로……. 집 한채만 있으면 부자니까. 강남에서는요. 그렇게 된 사람들을 보면 '참 좋겠다. 부럽다'는 생각도 들어요. '그 사람들은 그냥 앉아서 부자가 돼버렸네. 그

때 그 사람이 집 한채 산 걸로' 라는 마음도 들고. 또 한 가지 마음은 그래도 자기 돈이 있든지 없든지를 떠나 자기 소신대로 주관대로 어떤 이유에서든 그 집을 사서, 그때 그런 용기를 냈기 때문에, 그렇게 행동해서 부를 누렸기 때문에……. 그렇게 안한 나한테 잘못이 있는 거지, 그렇게 집 사서 불로소득으로 부자가 됐다고 해서 그 사람들을 꼭 비난할 것은 아니라고 생각해요. 그 사람들도 그렇게 될 줄 몰랐잖아요. 정책이 그렇게 돼서 갑자기 집값이 올라버린 거지. (…) 우리 모두 집값이 이 동네 살면서 그렇게 오를 줄 알았다면 빚을 내서라도 진짜 다 샀을 거예요.(김찬숙, 8면)

김찬숙씨는 집값이 올라 "집 한채로 십 몇억이 되는 부자"가 되는 이웃을 볼 때 두 가지 마음을 동시에 느낀다고 한다. 한편으로는 "앉아서 부자가 돼"버린 현실이 씁쓸하고 속이 상하지만, 그렇다고 비난을 하고 싶진 않다는 것이다. 이유는 두 가지이다. 첫째는 자신은 "간이 작아서" 못한 일을 그들은 용기 있게 했기 때문이고, 둘째는 집값이 그렇게 뛴 건 정부정책 탓이라고 생각하기 때문이다. 집값이 그렇게 오를 줄 알았더라면 자신을 포함해 "우리 모두 빚을 내서라도" 샀을 것이고, 따라서 그들과 자신 사이에는 소신에 따라 용기 있게 행동했느냐 그렇지 않았느냐의 차이가 있을 뿐이라고 생각하는 것이다.

정책이 흘러가는 면하고, 그다음에 어떻게 하면 돈을 벌 수 있다는 재테크를 한번 해봤던 사람들은…… 끊임없이 하기 때문에……. 여기 사는 사람들은 진짜 남녀노소 연령에 상관없이 그런 부분에 너무 민감한 것 같아요. 재테크에 대해서. 그리고 상대적으로 한번 재테크해서 번 돈은 다시 재테크해서 굴리고 굴리고 하는 방법을 고수하고 있으니까. 그 방법으로 계속 돈을 벌려고 하고 있으니까. 주변에서 그것을 본 사람은 덩달아서 똑같이 따라하고 있잖아요. (김찬숙, 15면)

김찬숙씨는 자신은 그동안 정부의 부동산정책만 믿고 성실하게 살아왔다고 한다. 알뜰하게 내 집 마련의 꿈을 키워왔기에 예전에는 탈법과 비정상적인 방법을 동원하여 재테크하는 사람들을 경원했다고 한다. 그러나 이제는 스스로를 바보라고 생각한다. 집 한채 있느냐 없느냐의 차이는 이제 어마어마하게 커져버려 예전에 이웃에서 비슷하게 살던 사람이라도 도저히 따라갈 수 없는 처지가 되었기 때문이다.

상대적인 박탈감에 시달리고, 다른 지역보다 물가도 비싸지만 김찬숙씨는 여전히 강남에서 살고 있다. 아이들 교육 때문이다. 비슷한 형편인 은마아파트의 김인숙씨도 마찬가지이다.

강남에 사는 게 자녀교육에는 좋은 것 같아요. 일단 경제적인 뒷받침을 잘해줄 수 있고 엄마가 잘 보살펴줄 수 있다면. 왜냐하면 여기는 공부를 시키려 하고, 노력하고, 엄마들 사이에서도 아이에게 신경을 많이 쓰니까. (김찬숙, 9면)

우리나라 학원비가 초등학교, 중학교, 고등학교 이게 너무 차이가 많이 나요. 학년 올라갈 때 초등학교 5학년에서 6학년으로 올라가는 것은 아무 차이가 없는데 6학년에서 중학교 과정을 들어가면 중학 과정이라고 해서 학원비가 많이 뛰어요. 그랬더니 애기 아빠가 '사교육비는 내 월급에서 3분의 1은 넘기지 말자' 그랬는데 그 반대가 되었죠. 그렇게는 도저히 안되는 거예요. (…) 그러니까 아빠 월급으로 살기가 힘드니까 마이너스 통장을 만들어서 급하면 빼서 쓰고 또 보너스 받을 때 되면 채워 넣어야 하는데 절대 안돼요. 계속 마이너스 숫자가 불어나는 거예요. 근데 고3까지는 이렇게 될 것 같아요. 이게 마이너스에서 헤어나질 못할 것 같아요. 이제 제가 솔직히 다 말씀드리는 거예요. (…) 이게 정말 너무 잘못된 것 같아요. 사교육비를 정말……. 근데 정말 이거 이야기하다 보면 화가 나잖아요. 그렇다고 아이들이 저희 세대보다 공부를 잘하냐? 그것도 아닌 것 같아요.(김인숙, 10면)

"경제적인 뒷받침을 잘해줄 수 있고 엄마가 잘 보살펴줄 수 있다면"이라는 단서를 붙이긴 했지만 김찬숙씨는 자녀교육 측면에서는 강남이 좋다고 말한다. 이유는 간단하다. 강남 엄마들이 아이들 교육에 열심이기 때문에 거기에 맞추어 따라갈 수 있다는 것이다. 물론 유명 학원이 집중되어 있는 등 좋은 사교육 환경도 강남만의 장점이다. 그래서 김찬숙씨는 생활이 다소 어렵더라도 아이들 교육이 끝날 때까지는 강남을 떠나지 않을 거라고 밝혔다.

김인숙씨의 경우, 아이들 사교육비에 월급의 3분의 1 이상은 쓰지 말자고 했지만 오히려 생활비가 3분의 1을 밑도는 형편이다. 아이가 셋인데 이웃들 수준을 따라가다 보면 도저히 계획대로 살 수가 없더라는 얘기다. 그래서 김인숙씨는 마이너스 통장을 만들어 급할 때 쓰고 보너스 받는 달에 채워 넣는 식으로 생활하고 있다. 이런 상태라면 아이가 대학 갈 때까지 마이너스 상태를 벗어나기 힘들 거라는 계산이 나오지만, 김인숙씨 역시 그때까지 강남에서 버틸 생각이다.

많은 사람이 오늘날의 '강남'을 탄생시킨 주요 원인의 하나로 교육열을 꼽는다. 한국사회에서 교육은 최대의 관심사다. 대한민국 부모들의 자녀교육열은 세계 어느 국가와 비교해도 뒤떨어지지 않는다. 이는 교육이 신분상승의 사다리 역할을 한다고 믿기 때문일 것이다. 8학군, 교육특구, 사교육 1번지로 일컬어지는 강남의 넘치는 교육열은 강남 집중화 현상을 초래해 온갖 사회·경제적 악순환을 낳았다. 그뿐 아니라 부동산시장에서도 가격 변동의 핵심 요인 가운데 하나로 자리 잡았다. 그래서 강남 집값 문제를 주택문제가 아니라 교육문제로 바라보는 시각도 있다.

특히 IMF 경제위기 이후 신자유주의로 치달으면서 교육에서도 경쟁이 엄청나게 치열해졌다. 낙오하면 안된다는 불안과 공포, 돈이 최고라는 가치관이 팽배하면서 거의 모든 사람이 자신도 모르게 '강남 가치관'에 휩쓸렸다. 그래서 '강남 학군'도 자산가치, 교통 프리미엄, 부자 커뮤니티와 더불어 '강남' 브랜드의 주요 구성물이 되었다. '강남 사람' 되는 것이 성공이라 여기는 많은 사람이 자식을 위해 강남에 터를 잡았고, 투자(또는 투기)세력과 풍부한 자금 등이 맞물려 강남 아파트 수요가 폭발했다. 그 결과는 가격 폭등으로 나타났다.

강남의 교육환경 역사를 살펴보자. 1976년 경기고의 삼성동 이전을 시작으로 1978년 휘문고, 1980년 숙명여고와 서울고가 강남으로 옮겼다. 이어 정신여고, 경기여고 등 강북의 명문고들이 정부의 강권에 따라 줄줄이 강남으로 이전하면서 이른바 '8학군'이 탄생했다. 1980년 과외 전면금지 조치가 내려지고 학교교육의 중요성이 대두

하면서 자녀를 이들 명문고에 입학시키려고 강남으로 이사하는 부모들이 급증했다. 이때부터 서울의 교육문제는 8학군과 비8학군으로 이항대립화되어 명료하게 표출되었다. 그 와중에 '위장전입' '8학군(일류)병' 같은 문제들이 사회적 병폐로 일컬어지는 한편, 그러한 교육담론이 '강남'이라는 정체성을 형성하는 중요한 요소가 되었다.[4]

최근 서울 강남구청의 '강남사회 통계조사' 결과를 보면 강남구에 사는 학생의 1인당 월평균 사교육비가 70만원에 이르는 것으로 나타났다. 100만원 이상인 학생의 비율도 30%가 넘었다. 사정이 이러하다 보니 '강남'에서는 공교육이 거의 신뢰를 받지 못한다.

> 학교에서 배우는 영어는 영어도 아니예요. 워낙 영어를 영어 유치원에다가 사교육에다가 학원에서 받기 때문에. 영어교육에 있어서는 공교육하고 사교육하고 레벨이 안 맞아요. 그래서 학교에서 받는 영어교육은 교육도 아니예요. 그냥 시간 때우기인 것 같아요.(한혜숙, 4면)

한혜숙씨는 고2인 딸 사교육비로 매월 500~600만원을 지출한다고 한다. '강남'에서는 '돈이 곧 실력'이라는 세간의 이야기가 공연한 말이 아님을 알 수 있다. 이런 이야기를 듣다 보면 '강남'이 경제적인 장벽을 형성하고 특정 집단만을 선별 수용하는 공간으로 변모할 개연성도 배제할 수 없다는 느낌이 든다. 경제력과 실력이 그러한 상관관계에 놓인다면 서민은 교육을 통한 신분상승 기회도 잃어버릴 것이다. 경제적 불평등이 기회 상실을 낳고 그것이 다시 경제적 불평등을 구조화한다면, 부와 가난이 대물림될뿐더러 사회 양극화는 더더욱 심화할 것이다.

김인숙씨는 사교육비 부담을 이야기하면서, 폭등한 집값 생각을 할 때 이상으로 답답하고 속상하다고 털어놓는다. 그런데 김인숙씨나 김찬숙씨나 왜 그리 무리를 하며 사교육비를 지출하고, 빠듯한 살림살이에도 아이들이 대학 갈 때까지는 강남에 살겠다고 하는 걸까? 혹시 그것은 '강남 아파트 집값'의 학습효과는 아닐까? 정부정책을 신뢰하고 부당한 방법으로 재테크해서 돈 버는 사람을 경원하다가 결국엔 인정할 수밖에 없어서 내린 '내가 어리석었다'는 판단, 따라서 마음에 안 들지만 그들을 따라가야 뒤떨어지지 않을 거라는 판단에 근거를 둔 것은 아닐까? 그리하여 자식들이라도 나와는 다르게 살도록 해야지 하고 마음먹은 것은 아닐까?

부동산, 혹은 집

팔면 뭐하겠어요. 그리고 부동산이라는 게 갖고 있어서 오르는 것도 좋지만 중요한 게 환금성인데. (…) 아파트는 1억만 싸게 팔면 금방 내 손에 돈이 들어오잖아요. 당장 내일 모레 내 앞에 어떤 일이 닥칠지 모르는데, 그랬을 때 아파트는 현금이에요. 땅은 언제 팔릴지 몰라요. 금액이 많이 올라간다 해도 유동성이 중요하다는 것을 알기 때문에. (한혜숙, 10면)

값이 세배나 뛴 타워팰리스를 처분해 다른 곳에 투자할 계획은 없느냐고 묻자 한혜숙씨는 그럴 생각이 없다고 잘라 말했다. 환금성, 즉 필요할 때 언제라도 현금화할 수 있는가가 부동산투자의 제일 중요한 기준이고, 그런 점에서 아파트만 한 투자상품도 없는데 굳이 팔 이유가 없다는 설명이다. 그 판단에는 앞으로도 얼마든지 더 오를 거라는 예측이 깔려 있을 터다. 부동산 전문가인 박인형씨도 강남 아파트를 최고의 재테크 상품이라고 인정했다. "환금성, 수익성, 안전성이라는 재테크의 3요소에 가장 충실한 상품"이라는 것이다. 한혜숙씨에게 지금 사는 아파트는 전적으로 '투자가치 높은 부동산 상품'이라고 할 수 있다.

김연무씨(63세)는 서초구 우면동 화훼마을의 번지 없는 무허가 주택(농막)에서 24년간 꽃농사를 지으며 살아왔다. 젊어서는 건설노동자로 해외에서 일하다 1983년부터 친척의 권유로 꽃농사를 시작했다 한다. 처음 농사를 시작한 곳은 서초동 법원단지 쪽이었으나 그곳이 개발되면서 다른 농가들과 함께 지금의 우면동 화훼마을로 옮겨왔다. 당시 주민은 마흔세 가구에 불과했으나 다른 곳에서 화훼농가가 옮겨오고 가난한 이웃들도 모여들어 현재는 250가구에 이른다. 그런데 이 마을에 국민임대주택이 들어설 예정이어서 김연무씨는 이주를 준비하고 있다.

단체 회원들이랑 더불어 어떤 회의라든가 또 어디 놀러가든가 했었는데……. 제가 제일 서운한 게 그거예요. 내가 여기서 집이 있었더라면 그분들과 더 오랫동안 같이했을 텐데, 지금 막상 떠난다니까, 내가 가지고 있던 모든 걸 내놓고 떠난다니까 매우 서운하죠. 내가 좀더……, 24년 동안 왜 여기에다 집 한채를 못 마련해갖고 지금 시점에서 농사는 옮기더라도 여기서 주거는 할 수 있는 그런 기틀을 못 마련했나?

이것은 제가 제일 서운한 점이에요. 그럼 내가 바보같이 살았는가? 내가 바보였는가? 아니면 정부정책이 잘못되었는가. 뭔가 하나는, 둘 중에 하나는 무언가 잘못됐겠지요. 그렇지만 저는 24년간 농사지으면서 열심히 살았지요. 남 못지않게 아침 일찍 일어나서 저녁 늦게까지 열심히 살고 애 교육시키고 그랬는데. 지금 집이 없으니까 몸과 마음과 내 농사짓던 모든 꽃들과 같이 이전한다는 것은 서운하고 진짜 슬픈 일이죠.(김연무, 21면)

김연무씨는 "집 한채를 못 마련해갖고" 정든 곳을 떠나게 되었다고 슬퍼했다. 하지만 엄밀히 말해 그에게 집이 없었던 것은 아니다. 김연무씨가 24년간 살아온 집은 지목상으로는 논밭에 지은, 행정적으로 표현하자면 '무허가 시설물'이어서 번지가 없었다. 집으로 인정받지 못했기에 수도가 들어오지 않아 지하수를 끌어올려 썼고, 아이가 학교 갈 때는 주소가 있는 다른 집에 이름을 올려야 했지만 그 마을에서 24년간 행복하게 살았다. 같이 꽃농사를 짓는 이웃들과 든든한 공동체를 이루어 함께 놀러도 다니고 풍물패도 만들며 고락을 나누었다. 법적으로 '주택' 요건을 갖추지는 못했으나 김연무씨가 그동안 살아온 시설물은 '집'의 본원적 역할에 조금도 모자람이 없었다.

그러나 국민임대주택 건설 계획이 발표되면서 김연무씨는 자신의 집이 '논밭에 지은 무허가 시설물'일 뿐임을 아프게 깨달았다. 그동안 지주에게 임대료로 연 400만원을 지불하고 750여평의 땅에서 꽃을 키우고 농원을 운영했다. 그는 이주 대가로 영업권 보상비 1억 8000만원을 받았다. 그 돈으로 다시 농원을 할 수 있는 곳을 물색해 이사를 해야 한다. 경기도 여주 쪽을 알아보고 있으나 화훼농원의 경우 단지가 조성되지 않으면 영업과 판매에 어려움이 많아 걱정이 태산이다.

이주도 걱정이지만 그보다 앞서는 것은 슬픔과 서운함이다. "가지고 있던 모든 것" "몸과 마음과 내 농사짓던 모든 꽃들과 같이" 그는 떠나야 한다. 그래서 묻는다. "내가 바보였는가?"

> 옛날에 원시시대 때 말이에요. 동굴이 그때는 집이었으니까, 동굴을 갖고 있는 사람하고 없는 사람하고 누가 더 장가를 잘 갈 것이며 사회적으로 우월한 지위에 있었겠느냐? 그래서 집은 단지 재테크 수단이 아니라 내 가족이 평생 편안하고 따뜻하게 살 수 있는 보금자리 차원에서 접근해야 한다는 생각이 들어요. (박인형, 6면)

박인형씨는 원시시대를 예로 들어 집의 본원적 역할을 지적한다. 인간이 비와 바람을 피해 동굴 속으로 들어온 이래 집의 역할은 "편안하고 따뜻하게 살 수 있는 보금자리"였다. 부동산이거나 재테크 수단이기 전에 집은 쉼터이다.

통계청에서 발표한 2005년도 인구주택총조사 보고서에 의하면 전국적으로 주택보급률이 105.9%에 이르나 자가 소유 비율은 55.6%밖에 안된다. 주요 원인은 말할 것도 없이 집을 자산증식 수단과 투기 목적으로 이용하는 다주택자들이 많기 때문이다. 살아가는 데는 반드시 집이 필요하고 따라서 주거권은 인권의 일부로 인정된다. 그런 만큼 주택이 '부동산'보다는 '집'으로 받아들여지는 사회가 더 건강하고 따뜻한 사회임은 두말할 나위도 없다. 적어도 김찬숙씨나 김인숙씨처럼 정부정책을 신뢰하고, 부당하게 투기나 다름 없는 방법으로 돈 버는 것을 경원하는 시민들이 바보라며 자책하고 체념하는 일은 없어야 하지 않을까?

우리가 그런 사회로 나아가기 위해서는 물론 정부의 정책이나 제도가 더 합리적이고 세심해져야 할 것이다. 역대 정부는 부동산시장 안정과 서민들의 주거복지 향상을 위해 수많은 정책을 발표했다. 그러나 서민들이 집을 사기는 여전히 어렵고, 주택을 '집'이 아니라 '재테크 수단'으로 여기는 현실은 좀처럼 개선되지 않고 있다. 그리고 최근에는 주택뿐만 아니라 여러 명목의 지역개발 사업 때문에 전국적으로 땅값도 상승하고 있어 자본소득이 없는 서민들의 상대적 박탈감은 커져만 간다. 토지가격 상승은 택지가격에 이어 결국 주택가격을 올리는 주요 원인이 된다. 특히 주거문제를 개인 책임으로 돌리는 그동안의 정책 관행은 개인들이 필사적으로 내 집 갖기에 집착하는 '소유 중심의 주거문화'를 만드는 데 일조했다.[5]

비정상이 정상으로 둔갑하는 사회는 분명 올바르지도 정당하지도 않다. 올바른 사회를 만들기 위해서는 탈법과 비정상적인 방법으로는 부를 축적할 수 없도록 해야 하며, 이를 위해 새로운 경제 씨스템을 구축해야 한다. 그리고 주택수요 조사를 보다 철저히 해서 수요에 맞는 맞춤식 주택정책을 수립하고 실시해야 한다. 이를 통해 무주택 서민들이 내 집을 마련할 수 있다는 꿈을 버리지 않을 수 있고 가정경제 역시 선순환 구조로 이끌어가리라 생각한다.

그러나 그것뿐일까. 우리 모두 "집은 나에게 무엇인가?"를 한번쯤 생각해보아야 하지 않을까. 그 물음은 필연적으로 강남을 '강남'으로 만든 또다른 물음으로 이어질 것이다. "무엇이 성공이고 무엇이 행복일까?"

강남에 산다고 해서 행복하다고는 볼 수 없겠죠. 왜냐면 강남에 산다
고 하더라도 마누라하고 싸우고 나면, 애들이 말 안 듣고 괴롭히면,
말썽 부리면 행복한 게 아닌 것 같고. 강남에 거주하고 있다는 것은
자기, 인간 본연의 삶의 행복과는 전혀 관계없는 얘기예요. 강남에 사
는 사람이 행복하다? 오히려 더 불행할 수도 있겠지요. 그러니까 자기
준거집단이 어디냐?(박인형, 12면)

'강남'은 가장 행복한 지역도 가장 살기 좋은 지역도 아니다. 가
장 비싼 지역일 뿐이다. 가장 비싼 지역이 가장 행복한 지역, 가장
살기 좋은 지역과 등치되지 않을 때 '강남'은 강남이 될 것이다.

우리시대 희망찾기

2장

공공임대주택의 빛과 그늘

02장

공공임대주택의 빛과 그늘

집 없는 설움을 없애기 위해

우리나라는 오랫동안 주택이 절대 부족했다. 전체 가구 대비 공급 주택을 단순 비교한 주택보급률은 2000년대 들어 100%를 넘어섰다. 이는 공급 주택이 가구수와 같다는 뜻이고, 산술적으로는 한 가구에 한 주택이 돌아간다는 뜻이다. 그러나 실제로는 물론 그렇지 않다. 주택보급률을 산정할 때 300만 가구에 이르는 1인 가구는 포함하지 않으며, 상당수 가구가 집을 두채 이상 갖고 있다. 그래서 주택보급률이 100%를 넘어선 지금도 자기 집을 소유한 가구는 열에 여섯 정도밖에 안되고, 도시, 특히 수도권으로 갈수록 이 비율은 더 떨어진다.[1]

특별한 경우가 아니라면 누구나 집이 있다. 즉 내 이름으로 '소유'한 집은 없을지라도 돌아가 쉴 수 있는 '삶의 거처'인 집은 누구에게나 있다. 그러나 '집 없는 설움'이라는 말에 집약되어 있듯, 내 집에 사는 것과 남의 집에 세 들어 사는 것은 삶의 질에서 큰 차이가 난다. '집 없는 설움'에는 주인의 눈치를 보고, '살고 싶은 곳'이 아니라 전세금이나 보증금에 맞추어 '살 수 있는 곳'으로 자주 이사를 다니며, 이런저런 이유로 임대를 거절당하고, 임대료를 부당하게 높여도 감내하며, 어떤 이유로든 전세 수요가 폭증할 때는 집을 못 구해 노심초사하는 것, 총체적으로는 뿌리 없이 떠도는 듯한 불안, 삶의 불안정성 등이 모두 포함된다.

동굴에 거처를 마련한 혈거시대 이래 집은 인간다운 삶을 영위하기 위한 필수 조건이었다. 일찍이 세계 인권선언이 안정된 거처를 인권의 주요 내용 중 하나로 규정했고, 세계 각국 정부가 주택시장에 개입하는 까닭은 모두 그 때문이다. '삶의 거처'라는 본원적 층위에서 바라보면 세상에 있는 집의 무게는 모두 똑같을지 모른다. 그러나 우리가 알다시피 현실은 그렇지가 않다. 시장경제에서 집은 명백히 하나의 '상품'이며, 상품에 적용되는 모든 법칙이 여기에도 적용된다. 수요와 공급에 의해 가격이 결정되고, 수요에 비해 공급이 달릴 때는 가격이 상승한다. 돈이 없는 사람은 당연히 살 수 없으나 투자할 여력이 있는 사람에게는 부를 축적할 수 있는 수단이 바로 집이다. 요컨대 집은 경제적 재화이며, '부동산'이기도 하다. 그런데 이 속성은 '삶의 거처'로서의 속성과 필연적으로 충돌하게 되어 있다.

공공임대주택은 집의 두 가지 속성, 즉 상품 혹은 재화라는 속성이 삶의 거처라는 속성을 심각하게 위협할 때 출현했다. 정부나 지방자치단체의 재원으로 집을 지어 저소득층에게 안정적으로 임대하는 공공임대주택 제도가 자본주의가 가장 먼저 발달한 영국에서 출현한 사실이 그 점을 입증한다.

영국에서 공공임대주택을 본격적으로 건설한 때는 1910년대 말이었다. 영국은 자본주의의 발원지인 만큼 1800년대 중반부터 주택난이 심각했다. 일자리를 찾아 도시로 모여든 노동자들은 대부분 민간임대주택에 거주했는데, 단칸방에 온 식구가 살 뿐 아니라 시설이 비위생적이어서 전염병이 창궐하는 등 문제가 심각했다. 그래서 주택에 최소 면적 기준을 설정하거나 비위생적인 주택을 정부가 철거할 수 있는 법률이 탄생했고, 1890년대에 이르러서는 지방정부가 저소득층을 위한 주택을 건설할 수 있도록 한 노동자주택법까지 제정했다. 그후에도 그다지 큰 진전이 없던 공공임대주택 제도는 1910년대 들어 몇가지 중대한 요인이 작용해 비약적으로 발전한다. 1915년 글래스고에서 임대료 인상에 반대하는 대규모 가두시위가 벌어지고 노동조합이 주택문제 해결을 요구하는 등 사회적 압력이 높아진 가운데 1차 세계대전의 여파로 주택난이 극심해졌다. 더욱이 러시아혁명이 일어나면서 노동자들에 대한 유화책으로 정부가 주택시장에 개입할 필요성이 부각되면서 1919년에 5년간 공공임대주택 50만호를 건설하는 계획이 입안되었다. 주택은 시장 논리에만 내맡길 수 없는 삶의 인프라라는 점을 인정한 셈이다.

우리나라도 이와 다르지 않다. 1982년 '임대주택 육성방안'이 발표되고, 1984년 '임대주택건설촉진법'이 제정되었으나, 민간기업이나 정부투자기관이 사원들을 대상으로 임대주택을 건설하면 금융이나 세제를 지원해주는 수준에 그쳤다.[2] 그런데 1988년 집값과 전세금이 폭등하여 민심이 들끓자 정부는 '주택 200만호 건설 계획'을 발표했고, 거기에는 임대주택 50만호를 건설하는 계획이 포함되었다.[3] 이때 건설된 영구임대주택을 국가 재정으로 건설된, 명실상부한 최초의 공공임대주택으로 볼 수 있다. 이후 공공임대주택 건설은 지지부진해졌다가 2002년 5월 정부가 '국민임대주택 100만호 공급 계획'을 발표하면서 주택정책의 중요한 축으로 떠올랐다. 이때도 서울 강남을 중심으로 집값이 폭등하면서 중산층과 서민들의 주거안정이 위협받는 상황이 결정적인 요인으로 작용했다. 요컨대 공공임대주택은 시장의 논리가 '삶의 거처'라는, 집의 본원적 속성을 위태롭게 하는 시점에 등장한 최소한의 안전장치인 것이다.

현재 우리나라의 공공임대주택 비중은 총주택의 약 2.5%(2004년 기준)에 지나지 않는다. 유럽이나 미국의 경우 20~30%인데, 이에 비하면 미미한 수준이다. '삶의 거처'에 대한 공적 배려 수준이 그처럼 미미하다는 말일 것이다. 임대주택의 비중을 늘리기 위해서 지난 2002년 정부에서는 2012년까지 국민임대주택 100만호 공급을 발표하였고 2003년에는 2017년까지 이를 150만호까지 공급하는 계획을 발표해 많은 기대를 모았다. 이 계획이 실현되면 2017년에 우리나라의 공공임대주택 비율은 20%까지 상승한다.[4] 하지만 최근 보금자리주택 정책이 시행되면서 임대주택보다는 분양주택 물량이 증가하여 국민임대주택 100만호 달성 계획이 2018년으로 늦춰져 공공임대주택 공급에 차질이 발생할 것으로 보여 우려된다. 안타까운 일이다.

우리나라의 공공임대주택

우리는 공공임대주택을 얼마나 알고 있을까? 공공임대주택이라고 하면 막연히 '공공기관이 건설하고 저소득층이 거주하는 아파트'라고 생각할 뿐 그 종류나 입주 대상이 누구인지는 잘 모른다. 더욱이 우리나라의 공공임대주택이 집의 본원적 속성을 수호하는 안전장치 역할을 제대로 하고 있는지, 거주자들의 평가는 어떤지 평가하거나 들을 기회가 별로 없다.

공공임대주택은 크게 영구임대주택과 국민임대주택으로 나누어볼 수 있다. 임대 유형에 따라 입주 대상과 규모가 다르므로 우선 유형별로 특징을 이해할 필요가 있다. 영구임대주택은 중앙정부의 재정으로 건설된 우리나라 최초의 영구적인 공공임대주택이다. 1989~93년에 총19만호가 공급되었다. 입주 대상은 국민기초생활수급자, 장애인, 국가유공자, 결손가정, 새터민 등이다. 규모는 주공에서 관리하는 14만호를 기준으로, 전체 14만호 중 83.6%가 분양면적 기준 12~14평, 13%가 9~11평형으로 초소형이다. 이는 입주 대상 계층의 주거비 지불능력을 고려한 결과이다. 이와 유사한 것으로 50년 장기임대주택이 있는데, 재개발사업이나 주거환경개선사업 지역의 세입자에게 공급한다. 그런데 영구임대주택과 50년 장기임대주택은 현재 추가 공급 물량이 거의 없다.

국민임대주택은 주공, 지자체 등 공공기관이 재정(30%)과 기금(40%) 지원을 받아 30년 이상 임대할 목적으로 건설하거나 매입하는 주택을 가리킨다. 2005년말 현재 약 38만호가 공급되었으며, 계

획에 따르면 2012년까지 100만호, 2017년까지 총150만호가 공급될
예정이다. 전용면적 85㎡ 이하로 건설·공급되고 있으며, 입주 대상
은 전용면적 50㎡ 미만 주택은 '무주택 세대주로서 세대의 월 평균
소득이 전년도 도시근로자 가구당 월 평균소득의 50% 이하인 자'이
며, 전용면적 50㎡ 이상 주택은 소득 기준이 '도시 근로자 가구당 월

임대주택의 종류와 특징

구분	임대 기간	규모(전용)	사업 주체	공급 대상
영구임대	영구	40㎡ 이하	−국가·지방정부 −토지주택공사	−국민기초생활보장법이 규정한 수급자 −모자가정, 국가유공자 등 −기타 청약저축 가입자
50년 임대	50년	60㎡ 이하	−국가·지방정부 −토지주택공사	−청약저축 가입자 −기타 특별공급 대상자, 국가유공자, 철거민, 장애인 등
국민임대	30년	85㎡ 이하	−국가·지방정부 −토지주택공사 −지방공사	−무주택 세대주(전년도 도시근로자 가구당 월 소득 기준) •50㎡ 미만 50% 이하인 자 •50~60㎡ 미만: 70% 이하인 청약저축 가입자 •60㎡ 초과: 100% 이하인 청약저축 가입자
5년 임대	5년	85㎡ 이하	−국가·지방정부 −토지주택공사 −민간업체	−무주택 청약저축 가입자
10년 임대	10년	85㎡ 이하	−국가·지방정부 −토지주택공사 −민간업체	−무주택 청약저축 가입자
사원 임대	5년	85㎡ 이하	−국가·지방정부 −토지주택공사 −민간업체 −고용자	−5인 이상 고용 사업체의 무주택 세대주인 피고용자

평균소득의 70% 이하인 자'로 그보다 조금 높다. 국민임대주택은 공공임대주택 가운데 공급 물량이 가장 많고 공급 대상자의 범위가 넓어 앞으로 우리나라 공공임대주택 정책에서 중심 역할을 할 것으로 예상된다.

그 밖에 기존 다세대·다가구 주택을 정부나 지자체가 매입해 임대하는 방식이 2004년부터 도입되었으며, 10년간 임대한 뒤 매각하는 비축용 임대, 전월세형 임대 등 유형도 다양해지고 있다.

임대주택, 가능하면 벗어나야 할 곳?

강혜경씨(48세)는 2002년부터 부천시 상동의 21평형 국민임대주택에 살고 있다. 그는 2006년 집값이 폭등하는 것을 보면서 어떤 생각이 들었느냐는 물음에 다음과 같이 대답했다.

이제 나는 임대아파트에서 벗어나지 못하겠구나…… 그런 생각이 들었죠. (…) 사회가 전부 다 침체되어 있는 상태이기 때문에 여윳돈을 마련하는 것이 상당히 힘들어요. 이게 과연 옳은 길인가. 집값이 이렇게 계속 올라서 서민들이 살 수 없는 집의 형태가 되지 않나. 서민들은 국민임대아파트에서는 절대로 벗어날 수 없을 것이라는 생각 외에는 할 수 없는 거죠.(강혜경, 1면)

강혜경씨는 20여 년 전에 결혼해 중학교 3학년, 초등학교 5학년인 두 아이를 두었고, 맞벌이를 하고 있다. 단독주택 전세로 신혼생활을 시작해 아이들이 생긴 뒤에 "생활하기가 편해서" 아파트로 옮긴 뒤 20년 넘게 내 집 없이 살다가 임대주택이긴 하나 처음으로 "내 이름으로 된 내 집"에 살게 되었다. 그는 아파트 주민 자치활동에도 열심히 참여하고, "마음 편하게 사는 게 행복"이며 "살아가는 방법을 가르치는 것"이 교육의 본질이라고 생각하는 편이어서, 강남도 그곳 교육열도 그다지 부럽지 않다는, 주관이 뚜렷한 사람이다. 또 이런저런 불편이 없는 것은 아니지만 보증금이 저렴하고, "집주인 한테 간섭 안 받고 안정적이어서" 지금 살고 있는 임대주택에 대체로 만족한다고 한다.

그런 강혜경씨도 임대아파트는 '가능하다면 벗어나야 할 곳'으로 인식하고 있다. 부지런히 벌고 알뜰히 모아 언젠가는 임대아파트가 아닌 분양아파트로, 지금은 한 방을 쓰는 두 딸이 각자 자기 방을 쓸 수 있는 곳으로 옮기기를 바라는데 집값이 폭등하니 "절대로 벗어날 수 없을 것" 같은 좌절감을 느낀다는 것이다. 왜 강혜경씨는 지금 사는 집을 '벗어나야 할 곳'으로 생각하게 되었을까? 누구나 삶의 질을 높이길 원하고 이는 인지상정이니 기실 궁금해할 것도 없을 듯하다. 국민임대주택은 강혜경씨가 그동안 거쳐온 전월세에 비하면 집주인 눈치 볼 필요 없고, 해마다 오르는 전세금 때문에 걱정하지 않아도 되는 "안정적인" 집이다. 그러나 아이들이 각자 자기 방을 쓸 수 있기를 바라는 강혜경씨 입장에서는 언젠가 벗어나야 할 곳이다.

실제로 국민임대주택 공급 물량이 많아지면서 서민들에게는 국민임대주택이 내 집 마련 여정의 중요한 징검다리가 되고 있다.

저희 아파트 같은 경우에는 주변에 임대아파트가 없기 때문에 '다른 곳은 몰라도 우리 아파트는 될 것이다' 또는 원래 공공임대 택지였는데 국민임대로 전환이 되어서 지어진 것이기 때문에 '우리는 될 것이다'. (…) 그래서 사람들이 분양을 바라고 이사를 안 가고 있는 사람들도 많고요. 이러다 보니까 '아휴, 안될 것이다' 자포자기하고 공공임대로 전환하는 경우도 많이 있지요. 분양으로 가시는 분들도 계시지만 국민임대에서 한번에 분양까지 점프해서 가기에는 사실상 어려워요. 금액적인 면에서 부담이 많기 때문에. 그래서 공공임대 쪽으로 많이 가시죠.(강혜경, 12면)

국민임대주택은 소득을 기준으로 입주 자격을 부여한다. 공급이 제한되어 있으니 소득 수준을 투명하게 가려내는 게 중요하고, 사는 도중에 소득이 늘어날 경우 이를 처리하는 원칙도 정해두어야 한다. 전자와 관련해서는 종종 문제가 생기는데, 후자의 경우 소득에 비례해서 임대료를 추가 부담하고 2년간 더 거주할 수 있도록 하고 있다. 강혜경씨는 그 문제를 이야기하다가 국민임대주택에 사는 서민들이 내 집 마련에 이르는 일반적인 유형을 들려주었다. 전월세를 살다가 국민임대주택에 입주하고, 돈이 좀더 모이면 공공임대주택으로 갔다가 마침내 분양받아 내 집을 마련한다는 것이다. 강혜경씨가 사는 곳은 원래 공공임대주택이 들어설 예정이었으나 국민임대주택이 되었다. 게다가 주변에 다른 임대주택 단지가 없어서 입주자들은 '분양으로 전환할지도 모른다'고 기대하고 있다. 그래서 소득이 올라도 그대로 눌러앉은 사람들이 많은데, 그런 기대를 접은 이들은 5년, 혹은 10년 임대 후 분양하는 공공임대주택으로 이사한다고 한다.

'서민들의 주거안정'이라는 임대주택 정책의 큰 틀에서 보면 국민임대주택이 마침내 내 집을 마련할 때까지 서민들의 사다리가 된다는 점은 긍정적으로 평가할 수 있다. 주택시장이 안정되기만 하면, 예측 가능한 계획을 세울 수 있기 때문이다. 강혜경씨가 집값이 폭등하는 상황을 지켜보며 "이제는 벗어날 수 없겠구나" 하고 좌절감을 느낀 까닭은 주택시장의 불안정성이 내 집 마련 계획에 예측 불가능성을 더하기 때문으로 볼 수 있다.

그러나 임대주택이 '가능하면 벗어나야 할 곳'으로 인식되는 이유가 과연 '상향 이동'에 대한 자연스러운 욕구, 다시 말해 임대주택은 더 만족스러운 '내 집'을 갖기까지 거쳐갈 수밖에 없는 과정으로 보기 때문인가 하면 꼭 그렇지는 않은 것 같다.

임대주택 정책은 두 가지 측면에서 생각해볼 필요가 있다. 하나는 단기적인 측면으로, 임대주택 거주자들이 만족스러운 주거환경을 누리고 장차 자가주택으로 상향 이동할 수 있도록 하는 것이다. 다른 하나는 더 장기적인 측면으로, 굳이 자가주택으로 갈 필요성을 느끼지 않을 정도로 임대주택을 안정된 거주방식으로 선택할 수 있게 하는 것이다. 단기적으로든 장기적으로든 임대주택 정책이 '서민들의 주거안정'이라는 애초의 취지를 달성하기 위해서는 적어도 '가능하면 벗어나야 할 곳'으로 인식되어서는 안될 것이다. 그렇다면 강혜경씨 같은 임대주택 거주자들은 현재 어떤 점이 불만일까, 또 임대주택이 집 없는 서민들의 진정한 희망이 되기 위해서는 어떤 문제를 해결해야 할까? 우리나라에서 주택은 단순한 거주 장소가 아니다. 사회적 지위를 나타내고, 인적 교류의 기반이 되며, 생활의 질을 판가름하는 요소이다. 이에 임대주택에 대한 다양한 의견을 통해 우리가 나아가야 할 방향을 생각해보고자 한다.

분양아파트와 임대아파트의 '품질' 차이

공무원인 박상철(36세)씨는 2003년 안양시의 22평형 공공임대아파트에 입주했다. 5년 임대한 뒤 분양하는 아파트로, 임대 기간이 워낙 짧아서 명실상부한 임대주택으로 보기는 어렵다. 지금 거주하는 주택에 불만이 없는지 물었더니 박상철씨는 이런 대답을 내놓았다.

> 저는 굉장히 불만인 게 일단 일반분양을 시공한 업체하고 다른 데를 하청을 줬는데 그래서 그런지 몰라도 층간소음도 굉장히 심하고, 그 다음에 자재도 굉장히 안 좋은 것을 쓴 것 같다는 느낌을 많이 받아요. 생활을 하면서. 와이프를 통해서 얘기를 들어보면 와이프가 일반 분양된 아파트에 가보고 하면서 이야기를 들어보면 거기는 잘 지었다는 거예요.(박상철, 6면)

박상철씨가 사는 아파트는 주택공사에서 인근 분양아파트와 동시에 공급한 것이다. 그런데 시공업체가 분양아파트 건축 때와 달랐다. 그래서인지 분양아파트와 비교해 품질이 떨어진다는 것이다. 서민을 위한 주택 공급이라면서 가격이 낮은 대신 품질이 떨어진다면 무슨 의미가 있느냐는 것이다. 더구나 박상철씨의 아파트는 5년 뒤 분양 예정인 임대주택으로 아파트의 품질이 분양 전환 후의 주택

가격에도 영향을 미친다. 당연히 불만이 높을 수밖에 없다. 박상철 씨의 의심대로 과연 임대주택과 분양주택은 건설 당시부터 시공이나 자재를 달리했을까?

주택공사에 근무하다가 1998년 주공이 임대주택 관리를 전담하는 주택관리공단을 분리하면서부터 이곳 소속으로 10년째 임대주택단지 관리소장을 맡고 있는 함성근씨도 부분적으로나마 이런 차이를 인정했다.

> 과거에 공급했던 건 재질 부분이 일반 고급아파트하고 차이를 두었던 것이 사실입니다. 약간 저렴하고 가격이 낮은 것이다 보니까 조금 일찍 (손상이 가고), 그다음에 실내를 보면 주방의 싱크대 같은 거, 인터폰 같은 것도 조금 저렴한 것을 썼고요. 외부의 여러 가지 부분도 조금은 저렴한 재질을 쓴 게 사실입니다. 그러다 보니까 아무래도 차이는 있을 것입니다.(함성근, 11면)

함성근 소장은 요즘에는 그렇지 않지만 "과거에 공급했던" 임대주택은 분양주택에 비해 상대적으로 저렴한 자재를 썼다고 털어놓는다. 이런 차이가 생겨난 것은 1990년대 후반부터이다. 외환위기 때 경기부양책의 일환으로 분양가 규제가 완화되었고, 이에 따라 분양가가 전반적으로 상승하면서 아파트가 고급화되었다. 건설업체들이 분양가를 높게 책정하기 위해 경쟁력 있는 상품 개발에 나섰고 그 결과 자재를 차별화한 고급 아파트들이 건설된 것이다. 그러나 임대주택은 현실적으로 이러한 추세를 따라가기 힘들었다. 분양가 자율화 이전에는 아파트 분양가를 택지비와 건설비에 연동시키는 원가연동제를 적용한 까닭에 품질이 확연히 차이 나지 않았으나, 이런 제한이 없어지면서 분양아파트와 임대아파트의 품질이 크게 차이가 나버린 것이다.

지금까지 우리나라의 임대주택은 공급이 절대적으로 부족했다. 따라서 임대주택 공급의 우선 목표가 물량일 수밖에 없었다. 이러한 사정을 감안하면, 다소 값싼 자재를 사용하더라도 동일한 재원으로 더 많은 임대주택을 공급할 수 있다면 서민들에게 저렴한 공공임대주택을 제공한다는 측면에서는 반드시 부정적으로 볼 수만은 없을 것이다. 그러나 최근에는 분양주택의 품질이 높아지면서 예전에 비해 주택 내부 시설과 마감재 등에 대한 관심도 높아지고 있다. 이런 현실을 반영하지 않고 예전 공급방식을 고수한다면 임대주택은 경제적 여건 때문에 마지못해 거주해야 하는 공간이 될 수밖에 없을 것이다. 또한 당장 건축비를 절감하기 위해 질 낮은 자재를 사용할 경우 사후 관리비가 늘어날 수밖에 없다. 임대주택의 소유권을 보유하면서 유지, 보수를 책임져야 하는 지방자치단체나 주택공사의 부담을 고려한다면 결코 현명한 정책이라고 할 수 없다. 그런가 하면 국민임대주택에 사는 강혜경씨는 아파트 내부 품질 문제보다 관리 및 편의시설이 더 문제라고 느낀다.

상대적으로 비교를 해보면 들어가는 입구부터가 임대아파트의 냄새가 물씬 날 정도로. 예를 들어 경비실이 안쪽에 있다든지 해서 전단지나 장사하는 사람들이 마구잡이로 들어올 수 있다는 거. (…) 자녀 키우는 입장에서 불안한 마음을 많이 가져요. (…) 학생들이 담배를 피우러 계단으로 올라오는 경우도 있고요. 그러면서 위험 부담률이 높지요. 각 동마다 경비실이 있어서 관리하는 게 아니고 경비 아저씨들 경비 순서가 띄엄띄엄 있다 보니까. 그거 관리 안되는 거. 그런 품질 면에서는 상당히 낙후됐다고, 완전히 시골 수준이라고 볼 수밖에 없어요. (…) 애초에 지은 주공의 문제죠. 왜냐하면 저희 같은 경우 636가구인데 관리동이 굉장히 작고 주민이 편의시설을 이용할 만한 공간이 거의 없구요. 그런 공간이 없다는 것은 주민의 편의를 생각하지 않은 것이구요. (강혜경, 7면)

임대아파트의 경우, 경비초소의 수가 분양아파트에 비해 현저히 적다. 그러다 보니 잡상인을 포함해 외부인들의 출입을 제대로 통제하기 어렵고, 외부 차량이 단지 안으로 들어와 주차하는 경우도 많다. 또 주민들이 공동으로 이용할 수 있는 편의시설 등도 전무한 형편이다. 강혜경씨는 이를 뭉뚱그려 "입구부터 임대아파트 냄새가 물씬 난다"고 표현한다. 공공임대주택에 사는 박상철씨도 "아파트 세 동에 경비초소가 하나뿐이고, 늘리려 해도 공간이 없다"며 같은 문제를 지적했다. 관리 및 편의시설이 부실하면 필연적으로 생활 관리에 문제를 초래해 관리써비스 만족도까지 떨어뜨리는 결과를 낳는다.

풍기는 이미지가 주변과 다를 경우, 긍정적이라면 차별화된 강점이 되겠지만 부정적이라면 사회적 낙인으로 작용할 수밖에 없다. 실제로 이런 문제는 임대주택에 거주하는 사람들의 자존감에 상당한 영향을 미치고 있다. 따라서 임대주택의 품질 향상은 하드웨어가 아닌 소프트웨어 측면에서 접근해야 하나 아직까지는 여의치 않은 게 현실이다. 즉 주거 써비스 만족은 단순히 사용한 자재의 문제가 아니라 시설의 편리성, 관리 써비스의 수준 등이 결합되어 결정되나, 현재의 임대주택은 이런 점들을 제대로 배려하지 못하는 실정이다.

"당신이 사는 곳이 당신을 말해줍니다"

우리나라 아파트 거주 인구는 세계적으로도 유례없을 정도로 많고, 그러다 보니 평수나 가격을 기준으로 쉽게 계층적으로 서열화된다. 또 사회적 연대의식이 아직은 부족한 편이다. 임대주택의 '품질' 문제는 '아파트공화국'이라고까지 불리는 한국사회의 독특한 맥락에 놓이면 더욱 심각한 문제로 전화한다. 바로 사회적 배제의 문제이다.

피부로 느끼죠. 쉽게 예를 들면 저희 아이가 학교를 다니는데 같은 반의 어머니들이 모임을 하나 만들었어요. (…) 엄마들끼리 정보교환을 위해서 모임을 만들었는데, 나도 참석을 했는데 옆에 큰 아파트에 있는 엄마들이 대부분 참석을 했고, 임대아파트에 사는 사람은 저 혼자더라고요. 그랬을 때 굉장히 위축되게 하는 눈초리들 있잖아요. 위축을 주는……. 처음에 나갔을 때는 '내가 과연 이 모임에 나와야 될 것인가' 그런 생각이 들더라고요. 근데 이게 아이들한테도 보면 엄마들이 우리 아이들이 다른 아파트에 놀러갔을 때 '너 어디 살어?' 하고 어디 산다고 하면 그다음에는 그 친구가 우리 아이를 대하는 행동이 달라지는 거예요. 달라지는 이유는 부모들이 '쟤 임대아파트 산대. 쟤랑 꼭 놀아야 되니?' 이런 식으로 해가지고 그 아이들의 행동이 달라지는 거예요. (강혜경, 11~12면)

강혜경씨는 아이의 학급 어머니모임에 참석했다가 아픈 경험을 했다. 아파트 단지에 둘러싸인 학교의 어머니모임에서는 대개 서로 소개하면서 몇 단지에 사는지를 밝히는데, 그 과정에서 어쩔 수 없이 심리적인 '위축'을 경험한 것이다. 강혜경씨를 위축시킨 그 '눈초리들'은 한마디로 저 유명한 광고 카피, "당신이 사는 곳이 당신을 말해줍니다"를 의미한다고 할 수 있을 것이다. 강혜경씨는 누구의 엄마이거나 어떤 가치관의 소유자인지를 밝히기도 전에 우선 '국민임대주택 거주자'로 판정받은 것이다. 이런 현상은 아이들 세계에도 그대로 스며들어 교우관계를 제약하기까지 한다. 내부 자재의 품질이나 편의시설의 수준은, '사는 곳'으로 인격을 심판받고 아이들한테까지 그러한 편견이 작용하는 현실로 인한 소외감과 박탈감에 비하면 사실 미미한 문제라고 할 수 있을지도 모른다.

우리나라 임대주택에서 사회적 배제 현상이 심각하게 나타나고 있는 현실은 여러 연구에서 확인된 바 있으며, 언론에서도 자주 보도하고 있다. 상당수 단지에서 임대아파트와 분양아파트의 입구를 분리하고 있으며,[5] 심지어 임대아파트 학생들이 분양아파트 단지를 통과해 등교하는 것을 막기 위해 입구를 봉쇄하는 극단적인 일도 심심치 않게 일어난다. 국민임대주택은 영구임대주택에 비해 그 정도가 덜하지만, 심각하기는 마찬가지이다. 이 문제는 민주주의라든가 사회문화의 성숙이라는 더 깊은 층위의 문제는 차치하고, 서민들의 주거안정이라는 국민임대주택 정책의 성패와 깊이 연관되어 있다.

앞으로는 국민임대가 계속 지어지게 될 것이고, 그리고 똑같은 임대가 아니라 계속 20년 정도 오면서 평수도 많이 커졌고, 그다음에 어느 정도 임대주택에 대한 사람들의 생각도 변하고 있습니다. 그런데 문제는 아직도 그 안에 살고 있는 사람은 임차인이라는 말 자체에 굉장한, 수치심이라고 하기까지는 그렇지만, 그런 감정을 가지고 있거든요. 그리고 또 국민임대주택에 사는 사람들은 젊은 사람들이 상대적으로 많아요. 젊은 엄마들이 '앞으로 여기서 2,3년만 살고 내 집 사서 나갈 것이다', 내 집이 아니더라도 '분양 아파트 쪽으로 전세를 얻어서 나갈 것이다', 이렇게 생각해요. 왜냐면 학교 갈 때 '임대주택이라고 해서 안 좋은 말을 듣고 오는 경우도 있더라'는 거죠. 이런 느낌 때문에 나는 여기서 오래 살지 않을 것이다, 밖으로 나갈 것이다, 이런 마음을 먹으니 더욱 화합이 안 됩니다. 우리 동네는 내 동네가 아니라는 생각을 가지고 있거든요. '이 집은 내 집이 아니다'라는 생각을 가지고 있거든요.(이진숙, 8면)

이진숙씨는 시민단체인 주거복지연대의 상근활동가로서 국민임대주택 단지 안에서 여러 프로그램을 진행한 까닭에 임대주택 거주자들의 특성과 심리를 잘 이해하고 있다. 우리나라에서 임대주택을 본격 건설한 것은 1989년 영구임대주택을 세우면서부터이고, 국민임대주택의 경우 2002년에 입주를 시작했다. 이진숙씨의 설명처럼 국민임대주택은 영구임대주택 입주자보다는 소득 수준이 높은 서민을 대상으로 분양하고 평수도 점차 다양해지고 있다. 그리고 계획대로라면 2017년까지 150만호가 더 건설되어 임대주택의 중심축이 될 것이다. 이진숙씨에 따르면, 이런 정책에 힘입어 임대주택에 대한 사람들의 생각도 많이 변하고 있다. 신혼부부나 어린아이를 둔 젊은 부부들에게 임대주택이 '진짜 내 집'에 이르는 사다리 역할을 하는 것도 긍정적으로 평가할 수 있다. 그러나 그런 사람들도 자신이 국민임대주택의 '임차인'이라는 사실에 수치심까지는 아니라도 "그런 감정"을 강하게 느낀다고 한다. 요컨대 임대주택은 '빨리 벗어나야 할 곳'이다. 따라서 임대주택 단지는 "내 동네"가 아니며, 주변환경을 개선하거나 마을의 공동체성을 고양하기 위해 굳이 애쓸 필요도 없다. 이렇게 되면 국민임대주택이 장차 슬럼화할지도 모른다는 우려도 기우만은 아니다.

사회적 혼합(social mix) 정책

임대주택 단지를 둘러싼 사회적 편견과 갈등, 배제 씨스템에 대응하여 정부가 내놓은 것이 이른바 '사회적 혼합' 정책이다. 유럽과 미국에서 건너온 이 개념의 핵심은 소득이나 계층이 서로 다른 사회 집단의 주거지를 계획적으로 혼합배치함으로써 사회통합을 꾀하는 것이다. 2차 세계대전 이후 유럽 여러 나라에서 시도한 것으로, 보수주의가 득세한 1980년대에는 주춤했다가 빈곤이 사회적 배제 문제로 구조화되면서 1990년대 들어 다시 조명받기 시작했다. 사회적 혼합의 주요 목표는 '주거지로 인해 심각한 차별을 받지 않도록 하는 것'이며, 주거지를 혼합함으로써 빈곤 가구가 일상적인 근린관계에서 삶을 개선할 수 있는 역할 모델을 찾도록 한다. 즉 표준화된 복지정책만으로는 해결하기 어려운 국지적인 빈곤 문제를 주민들의 자발적인 지원 네트워크 속에서 해결하려는 것이다.[6] 다시 말해 중

국민임대주택 건설 비율

구분	국민임대주택 단지		공영개발 택지	
	10만m² 이하	100만m² 이하	국민임대주택	10년 이상 장기 임대
국민임대주택 건설 비중	60% 이상	50% 이상	40% 이상	40% 이상 (국민임대주택 포함)

산층과 그보다 소득이 낮은 계층이 같은 주거지에서 살게 함으로써, 저소득층이 시설물 관리나 생활양식 등에서 중산층 문화의 영향을 받을 수 있도록 하고, 여가·교통·교육·의료 시설 등 생활 편의시설들을 공유할 수 있게 하여 계층간 단절을 극복하려는 시도라 할 수 있다.[7]

우리나라에서는 국민임대주택이 건설되던 2000년대 들어 이를 논의하기 시작해 공공택지를 중심으로 임대주택과 분양주택의 혼합 배치, 나아가 재건축 아파트에서 용적률 일부를 임대주택으로 공급하는 것을 의무화하는 방안을 내놓았다. 특히 국민임대주택 단지는 현재 50 대 50의 비율로 임대주택과 분양주택을 혼합배치하고 있다.

공공임대주택 관리소장으로서 혼합배치의 실제 효과를 현장에서 체험한 함성근 소장은 현재의 사회적 혼합 정책을 이렇게 평가한다.

50만호의 그게 이론은 굉장히 좋아요. 이론은 굉장히 좋은데 실제적으로 적용을 하려고 하면 이게 안되는 거예요. (…) 근래에 SH공사에서 많이 시도를 하고 있는데 현재까지는 성공했다라고 평가가 나오지 않고 있는 것 같아요. 그래서 계속 고민을 하고 있는 부분인데, 그 방침이나 방향은 분명히 맞습니다. 같이 어울려야 하는 것은 맞습니다.

왜냐하면 좋은 환경에서 배우고 그것을 따라가고 경쟁의식을 갖는 것은 굉장히 좋습니다. 그런데 뭐 기득권을 확보했다고 보는 측면에서 볼 때에는 상대적인 손해를 본다는 것이죠. 상향 평준화가 되는 것이 아니라 내가 밑으로 내려가야 한다는, 손해 본다는 의식이 있으세요. 그래서 '하향평준화가 된다'라는……. 나는 오히려 더 좋은 아파트로 가서 거기를 따라가고 싶은데 여기 있음으로써 내가 내려간다는 것이죠.(함성근, 21면)

함성근 소장은 사회적 혼합의 취지에는 원칙적으로 공감한다. "같이 어울려야 하는 것은 맞는" 말이고, 저소득층이 혼합배치된 분양아파트의 "좋은 환경에서 배우고 그것을 따라가고 경쟁의식을 갖는 것"도 이론적으로는 좋은 발상이라고 볼 수 있다는 것이다. 하지만 '현실에서는 실패'라는 게 실제로 하고 싶은 말이다. 특히 그는 "기득권을 확보했다고 보는" 층, 즉 혼합배치한 단지 내 분양아파트 주민들이 사회적 혼합을 어떻게 바라보는지 전하면서 실패 요인을 지적한다. 분양아파트 주민들은 혼합배치가 하향평준화를 초래해 결국은 "손해 본다"고 생각한다. 재건축 사업이 예정된 아파트 단지 주민들이 사회적 혼합, 즉 임대주택 의무비율 정책에 집단 반발하는 것도 같은 이유에서이다.

한 연구에 따르면[8] 분양아파트 주민들이 혼합배치를 싫어하는 이유로는 임대아파트 주민들로 인한 단지 내 주거환경의 훼손(쓰레기 무단 투기, 시설 훼손, 주차질서 악화, 공동관리의 어려움, 소음, 악취, 교육환경 악화 등), 생활 행태로 인한 안전성 문제(음주, 폭력, 절도·강도, 고성방가, 노상방뇨 등), 공동체 내의 갈등 발생(주민회·반상회 등 주민활동 저해, 이웃간 왕래 감소, 사생활 침해, 관리비 증가, 성가신 부탁 등), 그리고 주택가격 하락과 지역 이미지 악화가 주로 꼽힌다.

그렇다면 임대아파트 임차인들은 어떻게 생각할까? 5년 공공임대아파트 거주자인 박상철씨는 질문의 취지를 완전히 전하기도 전에, 정말 다행이라는 듯 이렇게 답했다.

> 아, 저희 단지는, 저는 그 점에 대해서는 굉장히 고맙게 생각을 하는 게, 일반 분양단지하고 떨어져 있거든요? 동의 수가 다섯개인데 그중 두개는 일반 분양동하고 같이 있고, 나머지 세 동은 딱 세개 동만 있어요. 그래서 차로 가는 길도 아예 달라요. 달라서 위화감이나 그런 것은 전혀 없어요.(박상철, 5면)

분양동하고 분리돼 있어서 "굉장히 고맙게 생각"한다는 말은 붙어 있었으면 무척 불편하고 위화감을 느꼈을 거라는 뜻이다. 국민임대아파트에 사는 강혜경씨의 평가도 이와 다르지 않았다.

> 같은 분양아파트 단지에도요, 21평과 24평과 32평이 있다고 하면, 같은 평수 사람끼리 어울리게 돼요. 32평에 사는 사람들이 21평에 사는 사람들을 가난한 사람으로 여기거든요. 그런 형편인데 분양과 임대를 혼합해서 둔다? 그러면 거기서 또 문제가 생길 것 같고요. 예를 들어서 어느 아파트 단지에서 분양과 임대를 같이 지었는데 분양단지에서 임대아파트 아이들이 놀이시설도 이용을 못하게 하구요. 그리고 학교 통학로를 막아서 빙 돌아서 가게 만드는, 한 아파트에서 그

런 일이 있었어요. 그걸 보고 마음이 아팠는데. 그건 사람들의 의식 전환이 중요한 것이겠지만, 거기에 한꺼번에 둔다고 하면 거기에서도 임대아파트 사람들은 분명히 고립되기 마련이거든요.(강혜경, 17면)

박상철씨와 강혜경씨의 의견을 종합하면 임대아파트 거주자들이 혼합배치를 싫어하는 이유는 겉으로 보아 분양아파트 주민들이 혼합배치를 싫어하는 이유와 다를 바 없다. 즉 '단지를 하향평준화시키는 열등 주민'으로 낙인찍히기 싫다는 것이다. '그들이 우리를 꺼린다면, 우리도 공연히 상처받아가며 그들 근처에서 살기 싫다'는 얘기다. 이는 지금의 사회적 혼합이 아무런 효과도 거두지 못하고 있을뿐더러 어찌 보면 상황을 악화시키고 있음을 드러낸다. 통학로를 막고, 놀이시설을 이용하지 못하게 하고, 심지어 철조망을 치는 사태가 벌어지면서 통합은커녕 서로에 대한 '타자화'가 심해지고 있는 형편이다.

앞서 말했듯이 사회적 혼합의 취지는 주민들 사이에 자치와 호혜의 네트워크를 형성해 계층간의 이해와 통합을 넓히려는 데 있다. 주거지를 물리적으로 혼합배치하는 것은 그런 목표를 이루기 위한 방법일 뿐이다. 따라서 단순히 주택을 혼합배치하는 것 이상의 세밀한 정책을 설계해야 한다. 사회적 배제가 일어나는 맥락과 구조를 깊이 있게 살피고, 아파트 거주 인구가 유난히 많은 한국사회의 특수성도 고려해야 한다. 또 이해 당사자들의 생각도 폭넓게 수렴하고, 사회적 혼합에 대한 주민들의 수용력을 높일 수 있는 요인과 변수들도 찾아내 정책에 반영해야 한다. 그런데 지금의 혼합배치는 그야말로 건물만을 인위적으로 섞어 자칫하면 역기능을 초래할 어설

폰 수준에 그치고 있다.

실제로 지금의 사회적 혼합 정책은 제도 면에서만 보더라도 문제의 소지를 여럿 안고 있다. 우선 한 단지 안에 임대아파트와 분양아파트를 섞을 경우, 관리 일원화에 문제가 따른다. 현재 분양아파트는 주택법, 임대 아파트는 임대주택법에 따라 관리하는데, 한 단지 안에 두 종류 주택을 섞는 바람에 실제로 발생할 수 있는 문제에 대처할 준비가 전혀 되어 있지 않다. 예컨대 관리 주체의 구성이나 관리비 산정 등에서 복잡한 문제가 일어날 수 있고, 나중에 재건축이나 리모델링이 추진될 때 재산권 행사 등에서 분쟁이 일어날 소지가 다분한 실정이다.

주택정책만으로 사회적 배제의 문제를 해결할 수는 없을 것이다. 하지만 이제 주택정책도 몇년 동안 몇가구를 공급한다는 식의 양적인 접근을 벗어나, 우리사회가 지향해야 할 가치를 반영하고 구체화하기 위해 고민할 때가 되었다.

시설관리에서 생활관리로

일반적으로 임대아파트 단지에 대한 사회적 배제는 크게 두 가지 측면에서 생각할 수 있다. 하나는 소득을 중심으로 계층별 차이를 두려는 배제이며, 다른 하나는 임대아파트에 사는 사람들의 생활태도에 대한 인식에 따른 배제이다.

임대아파트에 사는 사람들은 맞벌이가 많다고 했잖아요. 그러면 그 아이들은 쉽게 말해서 방치되어 있는 그런 아이들일 수도 있다는 생각을 갖기 때문에 분양아파트의 사람들이 임대아파트에 산다고 하면 다시 한번 쳐다보는 것이죠.(강혜경, 12면)

임대아파트 거주자인 강혜경씨는 소득이라는 단순한 기준보다는 임대아파트 거주자들의 생활관리에 대한 부정적인 인식이 사회적 배제를 가중시킨다는 견해를 보인다. 이는 임대주택의 사회적 배제 문제를 해결하는 데 중요한 시사점을 던져준다. 지금까지 사회적 배제에 대한 대부분의 연구는 소득차에 따른 인식차와 저소득층의 집단거주에 대한 사회적 낙인 등을 배제의 주요 요인으로 제시했다. 그러나 강혜경씨의 주장은 좀더 현실적인 문제를 드러낸다. 즉 소득 자체가 문제가 아니라 저소득층에서 흔히 발견되는 자녀교육에 대한 무관심, 무절제한 일상생활 등이 임대주택 거주자들에 대한 부정적 인식을 낳는다는 것이다. 이는 임대주택 단지의 생활관리 수준을 높이는 것이 사회적 배제 문제를 해결할 수 있는 실마리가 될 수도 있음을 암시한다. 최근 일부 시민단체와 관리소장 등을 중심으로 임대주택 단지의 생활관리에 대한 관심이 높아지고 있는데, 이러한 측면에서 반가운 변화가 아닐 수 없다.

과거에는 뭐 전기 잘 돌아가고 엘리베이터 잘 돌아가면 끝났는지 모르지만 지금의 요구는 그게 아니죠. 오히려 비율로 보면 생활관리, 말하자면 주민들의 쾌적한 생활관리가 60이라면 시설 부분은 40%로 줄어들고 있는 거예요. 왜냐하면 시설은 굉장히 좋아지고 있기 때문에 첨단화돼서 중앙통제 씨스템으로 돼요. (…) 근데 더 중요한 것은 '과

연 우리 관리소가 우리에게 어떤 써비스를 해주고 (있는가)' 이거예
요. 또 '이 써비스도 해주고', 뭐 원하는 것이 굉장히 많고요. 의료라
든지 교육, 아니면 단지 커뮤니티, 굉장히 요구하는 것들이 많아져요.
그러다 보니까 요새 관리사무소의 써비스 개념은 과거의 시설물, 공
동물의 관리 부분이 아니고 실제 생활관리에 어떻게 써포트 해주느냐
에 관심이 많아요. 그것을 잘해줘야 '관리 잘한다' 이렇게 하고 있는
거예요.(함성근, 18면)

관리사무소의 역할이 시설관리에서 생활관리로 옮겨가는 추세는
'삶의 질'이라는 관점으로 스스로를 돌이켜보게 된 한국사회 전반
의 변화와 맞물려 있다고 할 수 있다. 그런 맥락에서 공공임대주택
도 이제는 서민들에게 단순히 주거공간을 제공하는 데 그칠 게 아니
라 생활에 필요한 여러 써비스를 효과적으로 제공해 입주자들의 주
거복지를 높이는 방향으로 나아가야 한다. 임대주택 단지에 대한 사
회적 배제 역시 주거복지 관점으로 접근해야 해결할 수 있을 것이
다. 임대료 부담을 덜어주는 소득 창출 프로그램 개발, 정부나 지자
체의 복지 프로그램과 연계한 의료지원 써비스, 고령자를 위한 교통
수단 제공 등의 생활지원 써비스가 그러한 예에 해당하는데, 최근에
는 중고생을 위한 교육지원 써비스까지 그 범위가 넓어지고 있다.
시민단체인 주거복지 연대의 경우 방학 기간에 엄마손밥상 사업을
통해 맞벌이 가정 자녀들에게 식사를 제공하고, 자원봉사자를 통해
학습지원 사업을 하고 있다. 관악구 등 일부 지자체에서는 대학생
멘토링 사업을 통해 저소득층 자녀의 학습지원 사업을 실행하고 있
다.[9] 그런데 이런 생활관리 써비스를 유지하기 위해서는 비용이 든

다. 일본의 경우, 비용 문제를 해결하기 위해 임대주택의 관리 써비스 중 시설관리 측면은 광역 써비스를 도입하여 여러 단지를 묶어서 관리하고, 일상생활과 관련한 써비스는 별도의 법인이나 자원봉사자를 활용한다. 이를테면 주차관리는 주차관리 전문 공단에 맡겨 수수료 정도만 지불하고, 관리사무나 경비에는 자원봉사자들을 최대한 활용한다. 물론 이러한 운영 씨스템을 섣불리 도입하는 일은 위험하다. 일본의 광역관리 씨스템을 직접 둘러본 함성근 소장은 이렇게 말한다.

> 우리나라와 단순 비교하면 우리는 초소가 군데군데 있고 풀 감시체제로 운영을 하지 않습니까? 그래서 감시뿐만 아니라 사실상 입주민들의 심적 안정을 준다고 할까요? 즉시, 무슨 일이 있을 때 도움을 요청할 수 있는 곳, 이렇게 생각을 하는 것이죠. 그래서 마음에 안정감을 많이 준다고 보는 것이죠. 그다음에 아이들도 그렇고 노약자들도 그렇고, 그분들이 짐을 날라다 준다거나 출퇴근이나 하교 시간에 직장인과 아이들이 초소를 거쳐 간다든가, 요즘에는 택배 같은 것을 보관해서 전해준다든가 할 때 보면 상당히 심적 안정감을 주는 씨스템이고요. 관리소의 운영에 있어서는 지금 일본은 상당히 축소되어 있고요.(함성근, 9면)

우리나라와 일본은 주거문화나 임대주택 거주자의 구성 등에서 사회문화적 차이가 존재한다. 함성근 소장이 예를 들듯이, 우리나라에서는 경비초소가 입주자에게 '무슨 일이 있으면 즉시 도움을 요청할 수 있는' 공간이다. 그래서 꼭 필요한 곳으로 인식되어 있으며,

맞벌이 부부나 사회적 취약계층이 많이 거주하는 임대주택에서는 더더욱 긴요하다. 따라서 광역관리 씨스템 같은 제도의 도입에는 신중할 필요가 있다. 그러나 생활밀착형 관리 써비스 수요가 증가하는 현실을 고려할 때 생활관리 써비스에 자원봉사를 활용하는 방안은 우리도 적극 시도할 만하다. 맞벌이 부부가 많아 단지 내 자원봉사자 모집에는 한계가 있을 수 있으나, 일할 수 있는 노인들이 상당수 거주하고, 전업주부의 잠재력을 끌어낸다면 자율 생활관리 모델을 만들어갈 수 있을 것이다.

관리 써비스 개선에서 또하나 생각해야 할 문제는 시설이다. 아무리 좋은 프로그램이 있더라도 공간이 부족하면 실행할 수 없기 때문이다. 강혜경씨는 현재 거주하는 임대아파트의 관리동에 대해서 다음과 같은 아쉬움을 토로했다.

분양아파트에 가면 관리동이 굉장히 커요. 그래서 안에서 헬스도 할 수 있고 공부방도 만들 수 있고요. 그런 것이 있는데 임대아파트 같은 경우에는 그런 공간 자체가 작아요. 그러다 보니까 (…) 그런 혜택을 도저히 받을 수가 없는 거죠. 줄 수가 없어요. 거기서는. 관리실에서 아무리 주고 싶어도 공간이 없어서 주지를 못해요. 그러면 주민들은 살 수 있는, 잠잘 수 있는 공간만 주는 것이지 나의 문화적, 사회적 보장은 안되어 있는 것이잖아요. 그런 면에서 무척 안타깝죠. 아이들이요. 큰 평수에 사는 아이들 같은 경우에는 각자의 방이 있어요. 그래서 시험공부할 때 각자의 방문 닫아놓고 공부할 수 있어요. 작은 평수에 사는 아이들은 각자의 방이 없다 보니, 형제자매하고 같이 생활을 해야 하는데, 그 아이들이 도서관에 가면 하루 입실하는데 6000원,

7000원 정도예요. 사설 도서관이죠. 그래서 마을에서나 지자체가 한다는 도서관에 가면 300원, 400원이지만 시끄럽고 난방도 제대로 안되어 있고 자리도 없어서 나머지 아이들이 정말로 갈 데가 없거든요. 그래서 그런 아이들, 국민임대주택에 있는 아이들이 공부할 수 있는 공간이라든지 청소년 문화를 즐길 수 있는 그 꺼리를 만들어줄 수 있는 공간이 절대적으로 필요해요. 그런데 오히려 분양아파트에 있는 아이들은 그런 공간이 있고 정말로 필요로 하는 임대아파트의 아이들은 그게 안되고 있기 때문에 굉장히 힘든 상황이지요.(강혜경, 16면)

강혜경씨의 이야기에서 우리는 공급 물량에 치우친 임대주택 정책의 한계를 볼 수 있다. 한정된 예산 안에서 많은 임대주택을 건설하다 보니 아무래도 단지 공용시설에는 비용을 많이 지출하기 어렵고, 생활관리 써비스 개선에도 어려움이 생기는 것이다. 사실, 분양단지에서 제공하는 독서실이나 운동시설 등은 오히려 사설독서실이나 전문 스포츠쎈터 때문에 외면받는 경우가 많다. 하지만 그런 시설을 요구하는 주민들의 목소리가 높지만 임대주택은 시설을 제공할 공간을 확보하지 못하고 있다. 이는 결국 주거지의 차이뿐만 아니라 생활수준의 차이를 가져와 거주자들의 심리적 소외감을 가중시킬 것이다. 이제는 공공임대주택의 주거 써비스 개념을 과거보다 확장해, 단순히 주거공간을 제공하는 게 아니라 삶의 질을 높일 수 있어야 한다.

최근 연구는 기존 주민복지관이 형식적인 용도 배분과 면적의 협소함, 관리 책임기관의 부재 등으로 유명무실해진 상태임을 지적하고 개선방안을 제시하고 있다. 여기에는 기존 주민복지관을 임차인들이 정보를 나눌 수 있는 동네 사랑방이나 구직정보제공센터 등으로 활용하자는 제안이 담겨 있다. 당장은 어렵겠지만, 장기적으로

기존 주민복지관 시설 기준

종류		시설 기준
주민복지관	관리사무소	−50세대 이상의 공동주택을 건설하는 단지에는 10m²에 50세대를 넘는 세대마다 0.05m²를 더한 면적 이상의 관리사무소를 설치
	경로당	−100세대 이상의 공동주택을 건설하는 단지 →20m²+(세대수−150)×0.1m² 이상
	보육시설 (유치원)	−500세대 이상의 공동주택을 건설하는 단지 →상시 30인 이상의 영유아를 보육할 수 있는 시설 규모
	문고	−500세대 이상의 공동주택을 건설하는 단지 →시설 규모: 전용면적 33m² 이상
	주민 공동시설	−300세대 이상의 공동주택을 건설하는 단지 →50m²+(세대수−300)×0.1m² 이상 단, 300m² 초과시에는 300m²로 할 수 있음

자족성 및 공동체 기능 강화를 위한 개선방안

주민복지관 개선방안					
자족 기능			공동체 기능		
고용 기반	공동 사업	공동보육	건강/복지	문화	공동체 활동
−고용정보 사무소 −공동 작업 장(공동부업) 및 공동 사무실 −공동 창고	−커뮤니티 카페 −기타 공동 사업	−공동 육아방 −공동 공부방(과외, 독서, 음악 지도 등) −공동 급식	−소규모 헬스 쎈터 −실외 운동 공간	−미니 도서관 −공동 PC방	−자원봉사실 −소회의실 −커뮤니티 카페 −공동체 광장(장터, 단지 축제 등)

출처: 국민임대주택단지 자족 기능 확보 방안에 관한 연구, 건설교통부(2006)

임대주택단지 공용시설의 변화 방향을 제시하는 연구결과이다.

"살아있어야 충돌도 있다" : 살아있는 단지 만들기

그런데 임대주택단지의 생활관리 개선과 관련해 가장 중요한 것은 입주자들의 자발적인 참여다. 관리사무소를 통한 생활관리도 중요하지만 무엇보다 입주자들의 자발적 참여가 뒷받침되어야 성공할 수 있기 때문이다.

임대주택은 거주자의 소유가 아니어서 입주자들이 관리 써비스를 마음대로 선택할 수가 없다. 또한, 경제 형편으로 보아 관리 써비스 질을 높이기 위해 주민들이 추가 지출을 하기도 어렵다. 이는 단지의 '집합적 효능감'에 영향을 미친다. 집합적 효능감이란 '전체 사회체계의 수행 능력에 관한 집단 구성원의 믿음'을 나타낸다 (Bandura, 1997). 공공임대주택에는 저소득층이 많이 사는 까닭에 주민들 간의 연계가 느슨하고 참여가 미약하다. 한데 그럴수록 집단생활에 관한 사회 통제가 미약하고, 그러다 보면 단지에서 발생하는 문제를 입주민들이 공동으로 해결할 수 없다는 지각이 생겨난다. 이는 공동체 및 주거환경을 평가할 때 부정적인 영향을 미쳐 공공임대주택 입주민들의 집합적 효능감과 주거 만족도를 낮춘다.

기존 연구에서도 집합적 효능감은 입주민들이 단지 내 활동에 활발하게 참여할수록 높게 나타나는 반면, 단지의 무질서도가 높을수록 낮게 나타난다(곽현근, 2005). 따라서 집합적 효능감을 높이기 위해서는 입주자들이 단지의 자치활동에 더 적극적으로 참여해야 하는

데, 문제는 여기에 있다. 입주자들의 자발적 참여를 끌어내기 위해서는 구심점이 있어야 하고, 우선 임차인들을 대표하는 조직이 그 역할을 할 수 있다. 그런데 그게 쉽지 않다.

> (임차인대표회의가) 구성은 되어 있는데요. 저희가 7개 동이기 때문에 과반수 이상이면 네명 이상의 임차인 대표가 있어야 되거든요. 저희 아파트 같은 경우에는 네명이 있지 않고, 두 분의 임차인 대표만 남았어요. 실질적으로 임차인 대표의 활동을 할 수 없는 그런 상태죠. 형식적으로 임차인대표회의는 있지만 그 사람들이 활동을 하기에는 지장을 받을 수밖에 없죠.(강혜경, 9면)

강혜경씨네 단지뿐만 아니라 많은 임대주택단지의 현실이 비슷하다. 분양주택의 경우 주택법에 따라 입주자대표회의를 반드시 구성해야 하며, 대표회의가 단지 내 여러 문제를 해결해나가는 구심점 역할을 하고 있다. 그러나 임대주택의 경우 유일한 법정대표기구인 임차인대표회의가 임의사항으로 규정되어 있어 상당수 단지에서는 임차인대표회의라는 게 아예 없다.[10] 2005년 4월 기준으로 임차인대표회의가 구성된 단지는 전체 391개 단지 가운데 158개에 불과하다. 임차인대표회의가 구성된 단지라 해도 강혜경씨가 사는 단지처럼 이름뿐인 경우가 많다. 대표회의가 구성된다 하더라도 분양주택의 입주자대표회의에 비해서는 여러모로 활동에 한계가 있는데, 구성마저도 어려운 것이다. 공식 대표기구가 부재한 가운데 소위 '자생단체'로 일컬어지는 부녀회와 노인회가 활동을 하다 보니, 이들이 비공식 주민 대표기구 역할을 하는 경우도 적지 않다.

임차인 대표와 입주자 대표 차이

	임차인대표회의	입주자대표회의
강제성	없음	있음
의결권	없음(협의기관 역할)	있음
활동비	없음	있음

앞서 제기한 바와 같이 임차인 대표회의는 단체 구성에 강제성이 없을 뿐만 아니라 단지 내 현안에 대한 의사결정권도 없다. 임원 활동비도 없다. 한마디로 임대주택의 경우 자발적 생활관리를 추진할 만한 제도가 갖추어지지 않은 것이다.

국민임대주택의 단점이 뭐냐면 맞벌이를 하는 사람들이 많아요. 그렇다 보니까 직장 가진 사람들이 회의한다고 나오라고 하면 나오기 힘들거든요. 그러면 많이 나와야 20~30명인데…… 서른명도 굉장히 많이 나오는 것이구요. 평균적으로 스무명 정도 나와요. 지난번에도 스물네명인가 나왔는데 그 사람들이 주민의 의견을 대표할 수는 없거든요. (…) 임원진들이 몇사람 모여 앉아서 '이게 정말 괜찮은 것 같다' '이걸 꼭 해야 되겠다' 하면, 임원들이 대여섯명이 나오고 주민들이 열다섯명 정도가 나오면 그거 과반수 이상으로 몰고 가기 쉽거든요. 임원회의 내에서 결정되는 것들이 주민들의 전체적인 의견이 되는 거죠.(강혜경, 10면)

강혜경씨 이야기에서 현재 임대주택단지 생활관리가 직면한 일종의 악순환을 엿볼 수 있다. 임차인 대표의 권한이 약하고 활동비도 없다 보니 대표직이 사실상 명예직이 되고, 그렇다 보니 임차인들도 별로 관심을 보이지 않아 단지 의견을 수렴하는 모임에는 소수만이 참여하여 결정을 내린다. 대표성이 이처럼 낮다 보니 입주자들은 대표회의가 자신을 대표한다고 느끼지 못하고, 단지에서 추진하는 각종 활동에 적극적으로 참여하기 어렵다. 강혜경씨는 참여도를 떨어뜨리는 주요 원인으로 맞벌이 가구가 많다는 점을 꼽지만, 같은 조건에서도 활발하게 활동하는 단지가 있음을 생각하면 그것이 근본 제약이라고 하기는 어렵다. 거주자들이 공동체의 주체로서 적극 참여할 수 있는 기회를 넓히고, 그러한 활동에서 보람을 느끼도록 이끈다면 입주자들의 자치 역량은 훨씬 더 강화될 수 있다.

한편, 임차인대표회의가 아예 없거나 있어도 대표성이 부족해 입주민들의 참여를 떨어뜨리는 현실 말고도 심각한 문제가 더 있다. 대표회의와 자생단체들 간의 불화와 반목이다.

처음에는, 우리가 엄마손밥상이라는 프로그램을 가지고 들어 갔을 때 국민임대주택단지에서 어떤 반응이었냐면 사용료를 달라고 했습니다. 장소 사용료를. 그뿐만이 아니라 단지 내, 조직 내 갈등이 있습니다. 조직 내 갈등, 조직과 조직과의 갈등, 그래서 자치회와 부녀회와의 갈등이 있었기 때문에 우리가 들어갈 때 아무래도 엄마손밥상이니까 부녀회를 통해서 진행하게 됐습니다. 임차인대표회의에서 부녀회를 부정을 하는 거예요. 그래서 엄마손밥상을 진행하는 데 공고를 하지를 않고 돈을 받는 거니까 "자기네 임원들끼리 다 해먹었다" 이런 식으로 치부를 하더라고요. 일단은 엄마손밥상을 계기로 해서 그 부녀회가 임기를 다 끝내지 못하고 내려오는 계기도 되게 많았거든

요. (이진숙, 6면)

　주거복지연대의 활동가 이진숙씨는 2005년부터 임대주택단지에서 '엄마손밥상'이라는 프로그램을 진행했다. 저소득층 맞벌이 가구의 아이들에게 점심을 제공하는 사회공헌 프로그램이었는데도 대표회의 쪽에서는 장소 사용료를 요구했다. 또한 주부들과 협력하여 진행해야 했기 때문에 부녀회를 파트너로 삼았는데 그 과정에서 이진숙씨는 얽히고설킨 불화를 경험했다. 대표회의와 부녀회 간에도 반목과 다툼이 일었고, 각 단체 내부에서도 파가 갈려 싸우는 일이 잦았다. 그 와중에 대표회의는 부녀회를 적대시하며 돈을 받아 챙겼다는 소문을 냈고, 결국 부녀회 임원들이 임기를 끝내지 못하고 중도하차하는 일까지 일어났다.

　어느 사회나 조직에도 갈등이나 반목은 있게 마련이다. 또 대표회의나 자생조직의 갈등과 다툼 양상은 분양주택 단지도 임대주택 단지보다 더하면 더했지 덜하지 않아서 일선 경찰서에서 가장 골치 아픈 문제로 꼽힐 정도이다. 하지만 어디나 갈등은 있게 마련이라는 일반론, 혹은 분양주택단지도 마찬가지라는 관점으로 이해하고 넘어가기에는 문제가 심각하다. 시민들이 자율적으로 통치하는 역량을 보여준다는 점에서 이는 우리 시민사회 전체가 고민해야 할 숙제이기도 하려니와, 특히 경제적으로 취약한 임대주택의 경우 다른 집단보다 서로 돕는 노력이 더욱 절실한 만큼 실로 안타까운 일이다.

　이러한 일들은 임차인대표회의와 자생단체의 활동이 체계적으로 배분되지 않고 구체적인 가이드라인이나 적용할 만한 사례가 없기 때문에 일어난다고 할 수 있다. 실제로 임대주택단지의 대표회의나 자생단체가 하는 일을 보면 주거지 특성을 전혀 고려하지 못하고 분양주택단지에서 하는 활동을 답습하는 경우가 많다. 그러나 이런 갈등과 반목에 가려진 '가능성'에 주목하는 의견도 있다.

> 자생단체끼리, 가끔 매스컴을 보면, 불협화음도 있고 트러블도 있다고 하지만 그만큼 그 단지가 살아있다는 얘기거든요. 살아있기 때문에 활성화되어 있는 것이고, 활성화되면 어떤 문제점이나 이런 것들을 같이 얘기할 수 있다는 것이죠. 오히려 아무 얘기나 일이 없고 조용하다, 이건 죽어 있다거나 슬럼화되어 있다는 얘기죠. 그래서 살아있는 단지는 약간의 충돌도 있고, 너무 과격하게 가면 안되겠습니다만 약간의 활성화되는 부분은 긍정적으로 봐야 되겠죠.(함성근, 9~10면)

10년간 임대주택단지 관리소장으로 일해온 함성근 소장은 자신의 경험에 비추어 조용한 것보다 차라리 불협화음과 충돌이 생기는 게 진일보한 상태라고 평가한다. 살아있기에 불협화음도 생긴다는 뜻이다. 결국 '단지'란 것도 콘크리트 덩어리가 아니라 궁극적으로 사람들로 구성된다. 그러므로 살아있어야 한다. 살아있는 사람은 누구나 자신의 삶의 터전이 좀더 좋은 곳이 되기를 바란다. 그러기 위해 고민하고 참여하고 활동하는 과정에서 의견이 달라 마찰이 생길 수도 있지만 그 또한 살아있기에 발생하는 문제이다. 거주하는 곳을 잠시 거쳐가는 장소로만 생각한다면 굳이 불협화음을 내가면서 의사표시를 하지 않을 것이다. 그저 건물의 집합체에 불과한 단지는, 함성근 소장의 말대로 '죽은' 공간이다. 임대주택단지를 삶이 숨 쉬는 살아있는 공간으로 가꾸기 위해서는 주거복지 관점에서 입주민의 자치능력 확장을 적극 지원해야 할 것이다.

공공임대주택과 시민사회

공공임대주택의 주거복지 수준을 높이는 문제와 관련하여 시민
단체의 역할이 새롭게 주목받고 있다. 앞으로 임대주택이 대규모로
공급될 예정이나 주거복지 수준을 높이기 위한 재정이나 인력이 미
비해 시민사회의 지원이 절실한 상황이다. 물론 시민단체는 지원자
역할을 할 수 있을 뿐이고 각종 프로그램에 대한 입주자들의 자발적
참여가 더욱 중요하다. 주거복지연대 이진숙씨는 임대주택단지에
서 프로그램을 진행하면서 느껴온 어려움과 희망을 다음과 같이 이
야기했다.

아이들을 위해서 무료로 뮤지컬 영어를 가르쳐준다든지, 단소를 가르
쳐준다든지, 중국어를 가르쳐준다든지 이런 긍정적인 면도 많이 있었
습니다. 하지만 일부 지역에서는 움직일 때도 차량에 대한 요구들, 기
본비에 대한 요구들, 그리고 물품 살 때 우리가 기본적으로 1에서 10
까지의 물품을 사드렸을 경우에, 어떤 지역에서는 11이 필요하고 어
떤 지역에서는 12가 필요하다고 하면, 그 11과 12가 필요한 것을 자체
적으로 해결하는 지역이 있고 그것까지 하나하나 요구하는 데도 있다
는 말씀을 드린 것이고요. 그다음에 마지막으로 말씀드릴 것은 우리
가 처음에 엄마손밥상을 갖고 들어갔을 때 돈까지 요구했던 분들이
지금은 조금 더 자발적으로 변했다는 것. 2년 하면서 느껴온 것이거

든요. 하면 할수록 조금 더 자발적이고 적극적으로 변해간다는 생각입니다.(이진숙, 7면)

이진숙씨는 프로그램을 시작할 때 내심 자발적인 참여자가 많을 것으로 기대했다 한다. 같은 단지 아이들을 돌보는 일이니만큼 식사를 준비하고 제공하는 일, 혹은 방과후 프로그램을 운영하는 일에 많은 어머니들이 나서지 않을까 생각한 것이다. 하지만 그렇지가 않았다. 심한 경우에는 돈을 요구하기까지 했다. 수동적으로 혜택을 받으려고 하지 '우리 단지를 살기 좋게 바꾸는 일'로 받아들이지 못한 탓이었다. 그러나 2년이 흐르면서 참여하는 경험이 쌓일수록 입주자들이 더 자발적이고 적극적으로 변해가는 모습을 볼 수 있었다. 이는 참여의 계기를 마련하고, 시간을 두고 꾸준히 신뢰를 쌓아가는 일이 얼마나 중요한지를 잘 말해준다. 다시 말해 시민단체는 입주자들의 참여를 끌어낼 수 있는 프로그램을 개발하고, 정부와 관련 기관은 그 프로그램이 지속적으로 진행될 수 있도록 제도적이고 재정적인 뒷받침을 해줄 필요가 있는 것이다.

교육을 교육이라고 하면서 들어가면 안됩니다. 더욱이 이런 생각을 가질 수 있거든요. '여기 임대주택이라고 무시해서 교육을 받아?' 그래서 교육을 프로그램으로 만들어 들어가야 하는 것입니다. (…) 영국 같은 경우에는 공공임대주택에 대한 제도가 상대적으로 빨리 자리 잡은 만큼 문제도 빨리 인식하고 문제에 대한 해결책도 빨리빨리 찾아가는데, 아까 말씀드린 교육 프로그램은 시민단체가 담당하고 있습니다. 임대아파트의 임차인을 대상으로 하는 교육 프로그램을 담당하는 시민단체가 따로 있는데요. 그 시민단체에 정부가 보조금을 줍니다. 그런 씨스템이 우리는 전혀 되어 있지 않거든요. 2년, 3년 이렇게 단기적으로 끝나고 지자체의 제도적인 지원이 있어야 지속적으로 진행될 것 같습니다. 프로그램이든 교육이든.(이진숙, 11면)

선진국의 경우 스웨덴과 일본을 제외하고는 대부분 민간 비영리 단체가 저소득층을 위한 주택 공급에 직간접적으로 참여하고 있다.[11] 따라서 입주자들의 자치능력을 향상시키기 위한 방안도 체계화되어 있다. 전문 시민단체가 프로그램을 담당하고 정부와 지방자치단체가 재정지원을 하고 있다. 이진숙씨가 지적하듯이 공공임대주택을 통해 양질의 주거 써비스를 제공하기 위해서는 시민사회와 정부가 협조하며 정책을 추진해야 한다. 우리나라서는 아직 정부가 시민단체를 불신하고 시민단체는 정부의 정책을 비판만 하는 경우가 많아, 그러한 협치가 제대로 실행되지 않는 상황이다. 그러나 시민사회의 협조 없이 임대주택 정책은 성공하기 어렵다. 시민단체도 정부정책을 비판만 할 게 아니라 구체적인 대안을 마련해 입주자들에게 실질적으로 도움이 되는 활동을 펴야 할 것이다. 시민단체의 역할에 대해 함성근 소장은 다음과 같은 의견을 제시했다.

시민단체에서 관여하는 것은 뭐 바람직하다고 봅니다. 왜냐하면 그렇게 함으로써 어떤 투명성도 좀 높이고요. 또 바람직한 방향이라든가 경쟁, 이런 부분도 있어서 시민단체에서 좋은 방향을 제시해주고, 정책적으로 연구해서 지원해주고, 제도개선을 위해서 노력해주고 이런 부분들이 있기 때문에 큰 틀 내에서는 시민단체의 관리 참여 부분은 뭐 바람직하다고 개인적으로 보고 있습니다. 다만 곱지 않은 시각은 좀 있어요. 시민단체가 관여하게 되면 좀 편중되고, 약간 좀 뭐라고 할까, 집착하는 것 같아서 거부반응 좀 있거든요. 그런데 그런 것들은 과도기적인 측면이고요. 시간이 지나면 자연스럽게 해결이 되지요. 그래서 저희가 볼 때는 뭐 시민단체가 됐든, 지자체가 됐든, 아니면 자생단체가 됐든 여러 부분에 대해서 주민들의 관리적 측면이나 어떤 문화를 만드는 데에 외부의 영향과 조언과 연구한 것들을 적용, 반영시키는 거죠. 관리소장이나 직원들은 어떤 관리적인 전문가이지 상담이나 복지 측면의 전문가는 아니잖아요. (…) 정부에서 직접 와서 해주는 것도 있겠고, 아니면 시민단체나 그런 데서 위탁을 받아서 책임감을 가지고 좋은 정보를 가지고 해주는 방법도 있겠죠. 하여튼 관리소 입장에서는, 개인적인 욕심은 특히 임대아파트의 경우는 좀더 그런 지원이 있었으면 좋겠다. 그리고 복지사들의 인건비 같은 것은 관리비로 하는 것이 아니라 정부의 지원이라든가 아니면 시민단체의 보조, 아니면 플러스 약간의 자원봉사, 학생들도 괜찮겠죠. 그래서 그런 부분을 해주면 굉장히 도움이 되죠.(함성근, 24~25면)

함성근 소장은 시민단체가 공공임대주택 관리 써비스에 참여할 때 얻을 수 있는 긍정적인 효과 몇가지를 열거한다. 공익 차원에서 시민사회가 참여하는 만큼 관리의 투명성이 높아지고, 정책을 연구해 좋은 대안을 내놓으면 관리 방향을 잡는 데 보탬이 될 뿐 아니라 국가의 제도개선에도 도움이 될 거라는 설명이다. 다만 시민단체의 활동과 관련해서는 성찰할 부분이 있다고 지적한다. "좀 편중되고" "집착하는" 측면이 있다는 얘긴데, 이는 단체가 설정한 목표를 지나치게 의식하여 입주민들의 현실이나 정서를 충분히 고려하지 못하고 있다는 비판으로 보인다. 그러나 함성근 소장이 적절히 지적하고 있듯이 이는 새로운 시도를 하는 과정에서 거칠 수밖에 없는 시행착오라고 볼 수 있다. 그러한 경험을 쌓으면서 시민단체는 지원 역량을 키우고, 입주민들도 자발성을 높여갈 수 있을 것이다. 신뢰를 쌓기 위해서는 시행착오와 상호 조정의 시간이 필요한 법이다.

또한 함성근 소장은 시설관리에서 생활관리로 관리 써비스의 질을 높여가기 위해서는 생활 상담이나 복지를 전담할 수 있는 경로를 만들 필요가 있다고 말한다. 시설관리에 머무르는 지금의 관리 써비스 인력으로는 변화하는 입주민들의 요구를 만족시키기 어려운 만큼 정부와 시민사회의 재정적·제도적 지원이 요긴하다는 것이다. 이를테면 임대주택단지에 사회복지사를 배치하는 제도, 자원봉사 프로그램, 시민단체에 복지 써비스를 위탁하는 방안 같은 것들도 생각해 볼 수 있을 것이다.

공공임대주택을 더 많이 짓고, 그 시설을 입주민들의 생활방식을 존중하고 배려하는 방향으로 설계하는 일도 중요하다. 그러나 우리가 정말 잊지 말아야 할 것은 공공임대주택 역시 다른 집들과 마찬가지로 사람이 사는 장소, 즉 삶의 거처라는 사실이다. 사람이 사는 곳이기에 여러 문제가 발생하지만, 그곳이 정말 돌아가 쉴 수 있는 '따뜻한 거처'가 되려면 주민들의 삶을 볼 수 있어야 하고, 사람들의 관계를 긴밀하게 해줄 방안을 고민해야 한다. 임대주택이 어떤 주거지가 되느냐는 결국 그러한 공간을 만드는 사람들과 관리하는 사람, 그리고 거주하는 사람들의 손에 달려 있다. 임대주택을 짓는 사람들은 콘크리트 구조물을 세워 올리는 것이 아니라 삶의 공간을 만든다고 생각해야 하고, 관리하는 사람들은 시설이 아니라 입주민들의 삶을 관리한다고 생각해야 한다. 또 거기 사는 사람들은 내가 들어가 사는 집 한칸을 넘어 함께 어울려 살아가는 공동체로서의 단지를 걱정하고 사랑할 줄 알아야 한다. 그런 마음이 합쳐질 때 공공임대주택은 진정 저소득층의 희망이 될 수 있을 것이다.

우리시대 희망찾기

3장

주택금융의 희망찾기

03장
주택금융의 희망찾기

주택금융의 의미를 찾아서

집값은 어느 나라건 비싸다. 어지간히 재산을 모으지 않으면 집을 구입하기 어렵다. 그만한 경제력이 있는 계층은 한정되어 있으며, 중산층이라 하더라도 금융지원을 받아야 집을 살 수 있다.

2009년 국민은행의 주택금융 수요 실태조사에 따르면 구입한 주택의 가격이 연 소득의 평균 8.5배이다. 이는 주택가격이 상승하지 않는다 치더라도 소득을 한푼도 쓰지 않고 8년 6개월 동안 저축해야 집을 살 수 있다는 뜻이다. 통상 소득 대비 월 불입액의 한계가 28%라는 점을 고려하면, 30년 4개월여를 저축해야 자신의 소득으로 주택을 구입할 수 있다. 또한, 서울의 경우에는 연 소득 대비 구입 주택의 가격비가 평균 15.5배나 되어 자신의 소득만으로는 주택구입이 거의 불가능하다는 점을 알 수 있다. 이처럼 주택은 소수를 제외하고는 자기자본만으로는 구입하기 어렵다. 이런 현실에 근거해 만들어진 것이 주택금융제도이다. 주택금융이란 주택의 구입이나 건설, 또는 개량이나 보수를 위해 금융기관에서 돈을 빌리는 것을 말한다.[1] 주택과 관련한 대출을 모두 포괄하며, 더 많은 사람에게 내 집 장만 기회를 제공하는 것이 주택금융의 본질적인 역할이라고 할 수 있다.

그렇다면, 우리나라 주택금융은 제 역할을 충분히 수행하고 있을까? 한국은 급속한 경제성장을 해온 까닭에 주택시장의 역사도 그리 오래지 않고, 따라서 주택금융도 그다지 발달하지 않았다. 더욱이 주택가격이 지속적으로, 때로는 비정상적으로 상승해 주택 구입이 상당히 어려운 형편이다. 이런 상황에서 주택금융의 역할을 어느 정도 대체해온 것이 바로 우리나라에서만 볼 수 있는 전세제도이다.

세입자에게 전세는

전세제도가 언제 시작되었는지 알 수 있는 기록은 찾아보기 어렵다. 다만, 조선총독부가 1910년에 작성했다는 「관습조사 보고서」에 이런 설명이 나온다.

전세란 조선에서 가장 일반적으로 행하여지고 있는 가옥 임대차의 방법으로서 임대할 때 차주로부터 일정한 금액(가옥의 가치의 반액 내지 7, 8분위인 경우를 통례로 한다)을 가옥 소유자에게 기탁하여 별도

로 (월세를) 지불하지 않고 가옥반환시에 그 금액을 반환하는 것이다.[2]

이 기록으로 미루어 전세제도가 일제 강점기 초반에 보편적으로 통용되고 있었음을 알 수 있다. 또한, 관습조사 보고서에는 "그 이전에는 점포 이외에 월세를 이용한 임대차를 행하는 일이 거의 없었으며, 십수년 이래 (전세제도는) 일반적으로 행하여져왔다"라는 대목도 눈에 띄는데, 지금과 마찬가지로 전세는 주택에만 주로 적용되었고 점포 같은 영업용 건축물에는 월세가 적용되었던 것으로 보인다. 이처럼 우리나라에서는 전세가 일반적으로 통용되었던 제도였다.

인천에서 서울로 출퇴근했으니까 인천에서 살다가, 그다음에 인천에서 분양하는 집을 하나 분양받았어요. 32평을…… 결혼 3년째에 분양을 받아서 채 1년도 못 살고 아빠 회사 때문에 너무 거리가 멀어서 그집은 세주고 지금까지 계속 전세 살았어요. (김인숙, 2면)

김인숙씨는 결혼한지 18년 된 주부이다. 결혼해서 시부모님 댁에 같이 살다가 3년 만에 인천에서 아파트를 분양받았다. 그러나 남편이 서울에서 회사를 다니다 보니 통근거리가 너무 멀어 분양받은 아파트는 전세를 주고, 서울에서 다른 집에서 전세를 살고 있다. 서울에서 사는 게 여러모로 편리하지만, 그럴 만한 돈이 없으니 전세를 구해 살고 있는 것이다. 김인숙씨에게 전세는 주거 써비스를 향상시키는 방법, 즉 부족한 자금으로 생활의 편의를 도모할 수 있는 수단인 셈이다. 즉 전세제도는 세입자에게는 매매가격보다 낮은 금액에 주택을 구하는 데 활용할 수 있는 장점이 있다. 전세제도는 특히 가격 상승기에 상대적으로 낮은 가격에 유지될 수 있다.

통계청의 인구 및 주택 총조사에 따르면 전세 가구의 비중은 1975년 17.4%, 1995년 29.7%로 꾸준히 증가했다. 주택공급 부족으로 주택임대 수요가 급증했고 적정한 금융 씨스템이 부족해 주택 임대차 시장에서 전세의 비중이 확대된 것이다. 지금은 주택금융이 예전보다는 발전한 상황임에도 2005년 기준 23% 정도가 전세를 이용하고 있다.

집은 나쁘더라도 계속 전세로만 살았지요. 월세 살 형편도 안되고……. 돈이 없는데 어떻게 집을 사요? 전세 살고 나면 전세금 또 오르고, 그거 올려주기 바쁜데 집 살 엄두를 못내지요. 전세는 (전세보증금이) 다 나오니까. 월세는 다 내면 없어지니까 아깝죠. (…) 그전에 앞에서 세탁소 월세로 살았는데 건물주가 바뀌는 통에 권리금이 싹 없어져가지고, 그 이후로 무서워갖고, 권리금도 없이 주택으로 사는 집을 세탁소로 만들어가지고 살게 되는 거지. (…) 그때 세탁소 해서 조금씩 모아가지고, 사채로 좀 빌려가지고 어떻게 해가지고 좀 모아가지고, 큰 것이 아니니까, 마침 싸게 나와가지고 샀던 거지요. (…) 전세로 10년 넘게 살다가 그거에다가 좀 모았던 거하고 모아가지고, 보태가지고(최송림, 3면)

최송림씨는 현재 자신의 주택을 개조해 세탁소를 운영한다. 10년 동안 전세 세입자로 살다가 마침 그 집이 싸게 나와서 전세보증금을 제외한 차액을 지불하고 구입한 것이다. 최송림씨가 전세를 고집한 이유는 매달 들어가는 임차료가 부담스러웠기 때문이다. 최송림씨 같은 서민에게는 많지 않은 월 소득에서 매월 내는 임대료가 상당한 부담인데, "내면 없어지는" 월세를 지불하지 않아도 되는 것이 전세제도의 가장 큰 매력이라고 말한다. 월세가 일반적인 외국의 경우에는 통상 매월 받는 소득의 일부로 임대료를 지불한다. 그러나 우리나라 전세금은 매매금액의 40~50% 정도로 큰돈이기 때문에 가계의 자산이라고 할 수 있다. 따라서 전세라는 제도는 소득이 아니라 자산으로 임대료를 지불하는 셈이다. 최송림씨의 이야기에서도 "전세 살고 나면 전세금 또 오르고, 그거 올려주기 바쁜데 집 살 엄두를 못 내지요." 전세금을 올려주느라 바쁘다는 것은 전세가격이 상승하면 큰돈이 필요하다는 얘기다. 월세의 경우에는 소득의 일부로 임대료를 지출하기 때문에 임대료가 상승하면 다른 소비를 줄여서 가계의 재무상황을 조절할 수 있다. 그러나 전세의 경우에는 금액이 크기 때문에 쉽게 자금을 조달하기 어려운 점이 생긴다.

전세제도의 양면성

이 집으로 이사 오기 전에 먼저 살던 집에서 계약기간이 채 안됐는데, 그 주인들이 재테크를 해서 돈을 좀 많이 버신 분들이에요. 아들 세명 한테 이 아파트를, 그때 한 3억 조금 안됐었나? 그때 세채를 사셨더라고요. 저희 사는 셋집을 비롯해서. 그래서 아들이 결혼해서 들어와야 되니까 이사를 나가달라고 하더라고요, 주인이.(김인숙, 17면)

현재 살고 있는 아파트로 이사 오기 전에 김인숙씨가 살던 아파트 시가는 3억 정도였는데, 집주인은 그걸 세채나 갖고 있었다 한다. 해당 아파트는 현재 5억 정도 하는데, 이를 근거로 임대인의 수익률을 계산해볼 수 있다. 당시 집주인은 김인숙씨가 지불한 1억원의 전세보증금을 안고 아파트를 구입했으므로 자기자본 2억 정도를 들여서 금융비용 없이 2억원의 이익을 실현한 셈이다. 이를 세전수익률[3]로 환산하면 200%가 넘는다. 이처럼 전세를 이용해 주택을 구입하면 주택담보대출을 이용하지 않고, 다시 말해 금융비용을 들이지 않고 주택을 구입할 수 있는 레버리지 효과[4]를 누릴 수 있다. 전세금의 레버리지 역할은 양질의 주택 공급 부족과 주택가격의 급상승을 수차례 경험한 사람들이 전세를 끼고 주택을 구입하는 상황으로 이어졌다. 다른 투자 수단보다 수익률이 높다는 인식이 확산되면서 많은 사람이 이런 대열에 합류한 것이다. 전세제도는 임대인에게는 주택을 구입할 때 일시에 많은 자금을 조달해야 하는 부담을 완화해주는 기능을 통해 임차인과는 또다른 맥락에서 주택금융 역할을 해왔다. 김인숙씨의 전 주인이 주택을 세채 소유할 수 있는 구조를 만드는 것이다. 즉 투자자의 경우 전세금을 활용해 주택 한채 값으로 여러 채를 구입할 수 있게 되는 것이다. 이는 다주택자가 양산될 수 있는 조건으로도 볼 수 있다.

전세제도는 투자자에게는 주택가격 상승에 따른 이익과 인플레이션에 따른 위험 감소 상품이라는 이점이 있다. '공정한 기회'라는 관점에서 보면 이 제도는 적지 않은 문제점을 안고 있다. 주택금융이 발달했다면, 전세를 살 수 있는 사람들이 그것을 활용해 주택을 구입할 수 있을 뿐 아니라, 주택가격 상승으로 인한 이득이 임대인에게뿐만 아니라 모두에게 돌아갔을 것이다. 또한 전세 임차인은 보통 주택가격의 40~50%에 해당하는 금액을 전세금으로 지불하는데, 그보다 적은 돈을 투자한 임대인이 주택가격 상승에 따른 이익을 모두 챙긴다는 점에서 형평성에도 문제가 있다.[5]

또다른 관점에서 살펴보면, 전세제도는 아이러니한 양면성을 지니고 있다. 전세제도가 임차인에게는 매매가보다는 적은 돈으로 주거 써비스를 이용할 수 있다는 장점이 있으나, 이 제도가 존속하려면 전세를 안고서도 주택을 구입하려는 투자 수요가 많아야 한다.

주택담보대출 현실

우리나라의 주택금융은 크게 보아 정부기금 형태인 국민주택기금과 일반 금융기관의 주택자금 대출시장으로 구성되어 있다. 또한 일반 금융기관의 주택자금 대출시장은 은행의 경우 장기대출 형태의 일명 보금자리론과 일반대출 형식인 주택담보대출이 주종을 이루고 있다. 이 글에서는 정부기금인 국민주택기금은 다루지 않고, 시민들이 가장 일반적으로 접하는 주택담보대출에 초점을 맞추었다.[6] 주택금융의 가장 큰 역할은 수요자의 주택구입 능력을 높임으로써 주택수요를 유효수요로 전환하고 주택의 자가소유를 촉진하는 것[7]이라고 할 수 있다. 시민들은 이를 어떻게 이용하고 있는지 살펴보자.

제가 가진 돈이 그때(2003년 8월) 얼마였느냐면은, 하여튼 빚을 1억

8000을 내서, 그 당시 1억 8000이면 상당히 무모한 거였거든요. 지금 보면, 어떻게 보면 지금은 큰돈이 아니지만 그때는 1억 8000이라는 돈이 그때는 집값의 45% 정도…… 만약에 4억 4000에서 1억 8000이면 절반 조금 안되지 않습니까? 그 정도 돈을 빌려 쓴다는 것은 굉장히 무모한 거였죠. (…) 금리가 좀 낮았을 때여서 제가 한, 그때 6% 정도에 빌린 것 같은데…… 6.2% 정도, 6% 정도 안팎에서 빌렸던 거 같아요. 그래서 아마 70만원인가? 75만원 정도 냈던 거 같아요. (…) 원금하고 이자하고 동시에 갚았죠. 지금 일부 아직도 계속 내고 있는데, 지금 많이 갚았어요. 그동안에 퇴직금 탄 것도 있고 그래가지고 갚긴 갚았죠. 지금은 잘하면 올 연말 정도 되면 다 갚을 수 있을 것 같아요.(박인형, 4~5면)

박인형씨는 나이 마흔둘로 부인과 자녀 한명을 둔 가장이다. 2003년 8월경에 주택담보대출을 받아 주택을 구입했다. 스스로도 당시 주택가격의 45%에 해당하는 1억 8000을 대출받은 것은 "굉장히 무모한" 일이었다고 털어놓는다. 왜냐하면 소득이 한정된 상황에서 월 75만원이나 되는 이자는 매우 부담스러운 금액이기 때문이다. 박인형씨는 그렇게 무리해서라도 집을 산 것을 무척이나 다행스럽게 생각하고, 그러지 않았다면 주택 구입이 어려웠을 거라고 이야기한다. 구입 당시 4억 4000만원이던 박인형씨의 집은 지금은 8억 정도로 두배 가까이 값이 올랐다. 그래서인지 박인형씨는 주택을 구입할 당시 "조금만 더 무리해서 2억 정도 대출을 받았더라면 대치동이나 압구정을 살 수 있었을 것"이라며 아쉬워했다. 대치동이나 압구정동의 집값이 더 많이 올랐기 때문이다.

박인형씨의 이야기는 주택담보대출과 관련해 중요한 점을 시사한다. 무리해서 주택을 구입했으나 집값이 올랐으므로 후회가 없고, 더욱더 무리를 해서라도 가격이 더 오를 지역에 주택을 구입했더라면 좋았을 거라고 아쉬워하는데, 이로써 사람들이 주택담보대출을 이용하는 직접적인 동기를 알 수 있다. 전세 거주자가 주택담보대출을 받아 집을 사려 할 때는 주택 구입 비용, 즉 이자율이 주택가격 상승률보다 낮아야 한다. 우리나라는 그림에서 알 수 있듯이 2000년 이후에는 주택가격 상승률이 가계대출 금리보다 높았다. 아파트만을 대상으로 한 수치이기는 하나 2002년에는 전년 대비 주택가격 변동률이 30.8%로서 가계대출 금리 6.9%의 네배 가까이 된다. 이처럼 주택가격 상승과 저금리는 은행에서 주택담보대출을 받아 주택

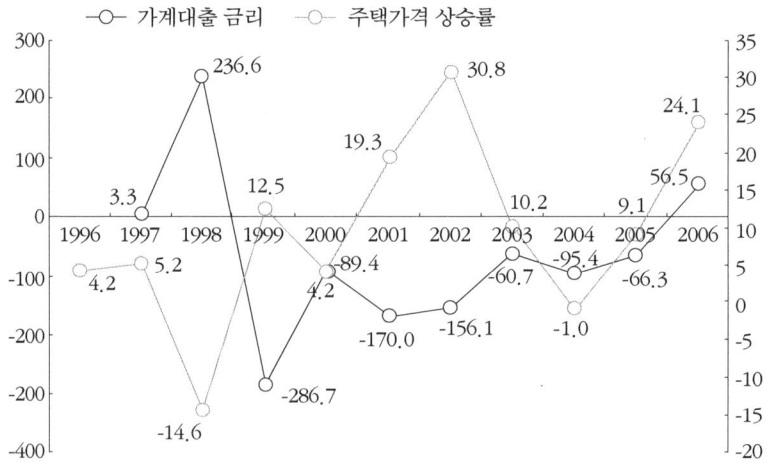

가계대출 금리와 주택가격 상승률 추이

자료 : 한국은행, 국민은행
주: 주택의 유형은 아파트로 한정하여 자료를 수집함

을 구입하게 하는 유인요소가 되었다.

그러나 집값 상승을 예상한 소비자가 주택담보대출을 통해 집을 구입하고 싶어하더라도 금융시장이 형성되어 있지 않으면 불가능한 일이다. 실제로 80년대까지만 해도 은행에서 주택담보대출을 받기는 어려웠다.

옛날에는 선배들 말 들어보면 은행 문이 높아가지고 대출을 받기가 힘들었다고 해. 옛날에는 아예 대출이 안되니까. 그래서 은행이 우월적인 위치에 있었는데, 요즈음에는 (…) 경쟁이 심해져가지고, 이런 것도 있으니 대출 받으시라고 권유도 하고 그러지. 그리고 은행끼리는 대환이라는 것을 하거든. 예를 들어 신한은행에 대출이 있는데, 우리은행이나 국민은행이 싸다 그러면 '저희 쪽으로 바꾸어 타시라'고 권유를 하는 거야. (…) 손님 중에는 그런 거를 상담하는 사람들도 있고. '금리가 높다. 기존에 거래하는 은행에서 안 좋은 점이 있다.' 그렇게 문의하시는 분들한테 권유하기도 하지. 계산해봐서 '갈아타시는 게 유리하다'고 말씀도 드리고.(원상돈, 4면)

원상돈씨는 5~6년 정도 근무한 은행직원이다. 원상돈씨가 선배들의 말을 인용하면서 이야기하듯이 현재 주택금융 시장의 양상은 "은행 문이 높았"던 시절과는 큰 차이가 있다. 예전에는 주택담보대출을 받는 것 자체가 어려웠는데, 지금은 은행 쪽에서 대출을 받으라고 적극 권유하고, 다른 은행의 대출상품과 비교하면서 "갈아타"기를 권하기도 한다. 대출을 받으려면 까다로운 요건을 갖추어야 하고, 요건을 갖추고도 대출을 못 받는 경우가 비일비재했는데 이제는 은행들이 고객을 찾아다니는 시대가 온 것이다. 이러한 변화는 외환위기 이후 경제구조 전반의 변화가 주택금융시장에도 영향을 미쳤기 때문이라고 할 수 있다.

주택담보대출 추이를 보면 은행의 주택담보대출 잔액은 2009년 말 기준 264조원으로 최근 5년간 연평균 10%씩 증가했다. 우리나라 주택금융은 한국산업은행이 1957년 처음 시작했는데, 이후 1966년 말까지 10년간 주택자금 대출액은 54억원, 주택수 기준으로는 4만 8698가구에 불과했다.

특히 외환위기 이후 시장이 급격히 확대되었는데, 이는 은행의 자산운용에서 비중이 낮았던 가계대출이 외환위기로 촉발된 기업 부도 등을 계기로 안정적인 자산운용처로 등장했기 때문이다. 기업 대출의 부실 위험이 높아지자 마땅한 자산운용처를 찾기 어려워진 은행들은 가계대출에 눈을 돌리게 되었다. 때마침 저금리와 부동산 경기 상승이 맞물리면서 주택담보대출이 안정적이고 수익률도 높은 상품으로 떠올랐다. 대출을 받기가 외환위기 이전보다 훨씬 수월해지자 많은 사람이 대출받아 집을 샀고, 박인형씨도 그런 사람들 중의 하나다. 더욱이 집값이 상승할 거라는 기대가 높아지면서 인플레 헤지[8] 및 투자 목적의 주택대출 수요가 급증했고, 금융기관의 적극적인 가계대출 확장 전략이 더해지면서 집값은 무섭게 상승했다.[9]

주택담보대출을 이용해 집을 산 사람들은 집값 상승에 따른 이득을 얻은 반면, 많은 사람이 주택 구입 기회를 아예 잃어버리거나 꿈도 꿀 수 없게 되었다. 이 시기 주택금융의 확대가 과연 주택금융 본연의 역할에 부합하는 것인지 의구심이 드는 대목이다.

저처럼 '월급 받아서, 적금 넣어서 집을 사야지' 하는 거는 강남에서는 꿈을 못 꾸는 얘기인 거 같아요. 그렇게 한 사람은 어리석은 사람인 거 같아요. 사야 된다고 생각하는데 본인이(남편이) 직장에서 얻어온 수입이 한계가 있기 때문에 제가 따로 수입원을 찾지 않는 이상 필요성을 느끼지만 충당을 할 수 없기 때문에 서로 못했죠. (…) 아, 그 생각(은행에서 대출을 받아서 주택을 구입할 생각)도 했어요. 그 생각도 했는데, 저희가 집을 살 기회가, 처음에는 뭐 1억 정도 (차이가) 나다가 그다음에는 3억, 5억, 이렇게……. 집을 사려면, 기하급수적으로. 처음에는 1억만 융자받았으면 됐는데 그다음에는 3억이고, 그다음에는 5억이고, 몇달 사이에 이렇게 변해버리니까 그거를 감당을 못하겠더라고요. 아무리 싸도.(김인숙, 6~7면)

전세를 살던 김인숙씨도 여느 세입자처럼 대출을 받아 집을 살까 생각해본 적이 있다. 그런데 당장의 소득으로는 대출 이자가 부담스러워 좀 망설이다 보니 처음에는 1억만 대출받으면 살 수 있었던 집이 나중에는 3억, 5억을 대출 받아야 살 수 있게 되었다. 이처럼 집값 상승은 집을 살 수 있는 기회 자체를 박탈하는데, 내 집 장만 기회의 확대가 목표인 주택금융이 집값 상승을 부추기는 역할을 한다면 이는 이율배반이 아닐 수 없다.

주택담보대출의 문제점

외환위기 이전에 주택 관련 수요자금융은 주택은행(현 국민은행)이 사실상 주도해왔다. 여타 금융기관의 경우 산업화 위주의 고도성장 과정에서 정부정책에 따라 기업금융에 우선순위를 두었기 때문에 주택금융 비중은 크지 않았다. 특히 대출기간이 긴 주택금융을 취급하려면 장기간 운용해야 하기 때문에 금융기관으로선 상당한 부담이 되었다. 그러나 외환위기 이후 기업과 금융기관이 구조조정을 거치면서 주택자금대출 시장은 급속도로 확대되었다. 앞에서 설명했듯이 주택담보대출은 외환위기 이후 구조조정 과정에서 저금리 정책과 맞물려 폭발적으로 성장했다. 그 결과 누구나 손쉽게 대출을 받아 집을 살 수 있을 만큼 수요자금융이 활성화되었다. 그러나 여기에는 많은 문제점이 따른다.

최근의 주요 주택담보대출은 전형적인 주택장기대출, 즉 대출기간이 15년 이상이며 원리금을 균등하게 분할하여 상환하는 방식, 일명 모기지 론과는 상당히 다르다. 먼저, 상당수 주택담보대출은 만기가 3~5년인 단기 차입금으로서 구입 대상 주택을 담보로 제공하는 전통적인 의미의 모기지론에 비해 대출기간이 매우 짧다. 또한 차입금 상환 방식도 이자와 원금을 분할상환하는 모기지론과 달리 만기까지 이자만 상환하다가 만기가 도래하면 원리금을 일시에 상환하는 구조다. 물론 차입자가 이자 상환을 연체하지 않는 한 만기가 돌아온 대출에 행해지는 차환대출[10]이 관행으로 정착되어 사실상 장기대출과 유사한 역할을 한다고도 볼 수 있다. 그러나 일반적인 장기대출에 비하면 차입자를 불안하게 하는 요소가 내포되어 있다.

고정금리도 있는데, 아직까지도 변동금리가 많고. 고정금리가 사실적으로는 조금 더 높아. 변동금리보다는 조금 더 높기 때문에 아직까지는 고객들이 많이 이용을 안하지. 우리나라는 당장 변동금리가 낮기 때문에, 지금 당장 변동금리로 하면 5%, 아니 6%대인데, 고정금리로 하면 6.3 정도 되니까 당장은…… 우리도 고정금리를 많이 권유를 하지. 왜냐면 리스크가 없어지는 거 아니야. 고정금리로 6%로 해놓으면, 10년 6%로 가는 거잖아. 사람들은 아직까지 장기보다도 당장 0.2, 0.3 낮은 것을, 변동금리를 선호하지.(원상돈, 6~7면)

차입자가 맘대로 할 수 있는데, 지금 시점에서는 변동금리를 선택할 수밖에 없어. 아까 말했듯이 금리가 높아. 고정금리가 높아. 고정금리로 해주게 되면 은행이 리스크를 지게 되는 거잖아. 변동금리가 6%대인데 고정금리를 똑같이 6%로 해준다고 해봐. 나중에, 1년 후, 2년 후, 나중에 금리가 계속 상승한다고 하면 은행이 경영 부담을 느끼는 거 아니야? 돈을 빌려주는 쪽에서. 그렇기 때문에 아무래도 고정금리를 조금 높게 설정할 수밖에 없어.(원상돈, 12면)

원상돈씨는 우리나라 주택담보대출의 문제점 가운데 하나인 고정금리가 비정상적으로 높은 현실과 그 이유를 설명해준다. 주택담보대출의 금리 체계를 살펴보면 2007년 4월말 현재 변동금리대출이 93.8%로 대부분이며, 고정금리대출은 6.2%에 불과하다. 변동금리대출 비중이 미국의 31%, 독일의 16%에 비하여 지나치게 높은 수준이다. 또한 이 통계에는 1~5년간 고정금리대출 적용 후 변동금리로 전환되는 혼합형(전체의 5.0%)도 고정금리대출로 분류되어 있다. 변동금리대출의 경우, CD 연동(전체의 79.7%) 금융채(12.5%) 등 시장금리 연동 대출이 전체 대출의 92.4%를 차지하고 있다.

원상돈씨가 설명하듯이 단기·변동금리대출 비중이 높은 까닭은 영업방식에도 원인이 있지만, 같은 시점에서는 대개 변동금리가 고정금리보다 낮아서 사람들이 당장 금리가 낮은 점만 주목해 변동금리 상품을 선택하기 때문이기도 하다.

고정금리대출은 금리가 변화하는 변동성으로 인한 리스크를 금융기관이 전적으로 떠안기 때문에 이에 대한 리스크 프리미엄을 대출금리에 반영하므로 초기 금리가 높다. 그러나 차입자로서는 집값이 상승기에 있다 보니, 긴 안목에서의 이자 부담액을 따지기보다는 당장 이자가 낮은 상품을 선택한다. 그러나 변동금리는 대출 초기 금리는 고정금리에 비해 낮으나, 시장의 실제 금리가 상승하면 금리가 상승할 우려가 있다. 차입자 입장에서는 부담스럽다. 예를 들어 CD(3개월 기준)를 기준금리로 하는 주택담보대출의 경우, 2006년 6월 CD금리가 4.55%이고 6개월이 경과한 12월의 금리가 4.8%로서 6개월 만에 0.25%가 상승했다. 이러한 기준금리의 상승은 고스란히 주택담보대출 금리의 상승으로 연결된다. 1억을 대출받았다면 매월 이자가 2만 833원 증가하고, 5억을 대출받았다면 이자가 10만 4165원이 증가하는 것이다. 2007년 12월 CD금리[11]는 5.74%였다. 이는 2006년 6월에 비해 1.19% 상승한 수치이다. 1억원을 대출받은 가정의 경우 이자가 9만 9166원이 증가한 셈이다.

주택담보대출은 장기대출이므로 금리가 상승하는 시기의 변동금리대출은 나중에 큰 부담으로 돌아올 개연성이 높다. 더욱이 많은 사람이 은행 예금을 증권회사의 CMA통장[12]으로 옮기고 있다. 그런데 이런 방식으로 자금이 빠져나가 유동성 부족 사태가 닥치면 은행들이 만기가 도래한 주택자금대출에 만기 연장을 해주지 않고 상환을 요구할 개연성도 있다. 사실 대출자들이 3년 내외에 대출금을 전부 상환하기는 매우 힘들 것이다. 최악의 경우 담보주택의 경매로 이어져 어렵게 마련한 내 집을 잃을 수도 있다. 이런 위험을 피하는 방법이 장기·고정금리대출을 선택하는 것이다. 장기·고정금리대출은 정해진 일정에 따라 장기간 대출금을 분할상환함으로써 계획성 있게 내 집을 마련할 수 있는 장점이 있다. 또한 10년 혹은 20년 이상 장기대출을 이용하면 장기·고정금리대출이 오히려 단기·변동금리대출보다 이자 부담이 적을 수 있다.

다행스러운 점은 단기·변동금리 중심의 대출 문제가 지적되면서 2004년 1월 주택금융공사가 설립된 것이다. 주택금융공사는 3년 위주인 주택담보대출을 20년 이상 장기·고정금리대출로 전환해 가계의 채무상환 능력을 높이고, 급증한 주택저당채권을 시장에 원활히 유통시켜(유동화) 금융기관의 위험을 줄이기 위한 목적으로 설립되었다.

우리는 그런 애기를 해. 보금자리론[13]을 대출받아서 20년 동안 주택을 가지고 있다가 그걸 나중에 역모기지[14]로 하면 한마디로 평생 주택금융의 친구지. (…) 내 집 마련 돈을 내고, 학자금대출을 받고 나중에 애들 다 졸업하고 내 집 마련을 다했으면, 나중에 역모기지론.(이창숙, 2면)

이창숙씨는 잘 활용하면 주택금융공사가 "평생 친구"가 될 수 있다고 표현한다. 가정을 이루어 주택을 구입할 때는 주택금융공사의 모기지론을 이용하고, 나이가 들면 역모기지론(주택연금)을 활용해 안정된 노후를 보낼 수 있으니 든든한 친구 같다는 이야기다. 다양한 주택금융 환경의 변화를 종합 관리할 수 있는 공적기관이 생긴 것은 또다른 발전이라고 평가할 수 있다. 이러한 씨스템이 잘 자리잡을 수 있도록 노력해야 할 것이다.

청약제도

우리나라에는 전세제도와는 또다른 측면에서 주택금융의 역할을 해온 제도가 있다. 바로 아파트 청약제도이다. 이는 1977년 공공부문 아파트 분양 방법에 대해 구체적인 규정을 마련하면서 도입되었다. 청약 관련 저축으로 민간자본을 주택건설자금으로 끌어들이기 위해 정부는 다수가 청약제도에 가입하도록 '추첨제'라는 방식을 도입했다. 이러한 청약제도는 민간자본을 건설자금으로 끌어들이는데 성공적인 역할을 했으나, 이에 못지않게 많은 부작용을 가져왔다. 주택청약제도는 청약통장에 가입하면 납입금액, 가입기간 등의 순위를 따져 아파트 청약 자격을 주고, 동일 순위자는 추첨으로 당첨자를 선정하는 방식으로 운용되다가 2007년 들어 청약가점제로 바뀌었다.

제가 1990년도에 주택은행에 입사했는데, 그때 당시에 강남지점, 강남쪽에 있는 지점에 근무했을 때 설왕설래하던 일입니다. 그때는 은행 문 셔터가 9시 30분에 올라갔습니다. 당시에는 주택청약이 주택은행 지점에서만 되기 때문에 진풍경이 벌어집니다. 그때 사람들이 청약을 하기 위해서 줄을 50미터 서고, 셔터가 9시 반에 열면 뒤에서 새치기하고 밀치고 정신이 없습니다. 그러면 청년들이 곤봉으로 때리는 그런 사건들이 왕왕 있었어요. 뒤에서 새치기하거나 그러면 이탈하지 않으려고 때려도 맞고 서 있고 하던 시절이 있었죠. 그리고 한 달에 한번 정도 청약이 있을 때는 어김없이 회식도 가끔 하고, 청약을 위해 여러개 통장을 갖고 있다가 청약을 신청합니다. 그때는 양재동이나 이런 쪽이 분양을 많이 했어요. 수서, 양재동 이런 데. 이런 데 분양권 전매가 무기한 가능할 때니까 직원들 중에 아파트를 청약했다가, 강남권에 있는 아파트를 청약했다가 당첨이 되고 분양권을 전매했다가 전매차익을 얻었던 사람들이 직원들한테 회식을 시켜주고 그런 시절이 있었죠. 그리고 본인들은 본인이나 배우자 명의로 주택담보대출이나 아니면 관련 일반대출 받아서 중도금 불입하고, 아니면 분양권을 전매하거나 이런 일이 왕왕 있었어요.(김철수, 1~2면)

김철수씨는 1990년부터 1996년까지 7년 동안 주택은행에서 영업지점 및 주택청약부서, 여신부서 등에서 일했다. 주택은행에 다닐 때를 회상하면서 청약 당첨이 복권 당첨과 흡사하게 여겨지던 상황을 설명해준다. 실제로 당시 청약 당첨은 큰 수익을 안겨주었다. 주택공급의 절대 부족이 초래한 현상이었다.

우리사회는 지난 반세기 동안 만성적으로 주택공급 부족에 시달렸다. 아주 먼 이야기부터 시작하면, 해방 이후 수많은 동포가 만주나 일본에서 귀환했고 게다가 한국전쟁 와중에 숱한 주택이 파괴되었다. 피란민들이 도시로 몰려들었고, 이들은 시내 공지나 산허리에 이른바 판잣집이라고 부르는 무허가 주택을 지어 살았다. 경제개발기라고 부르는 1960년대 이후 정부는 항상 주택문제 해결을 정책의 우선순위로 삼았다. 그러나 주택부족은 해소되긴커녕 심각해져만 갔다. 공급이 너무 부족했기 때문이다. 경제개발 초기라고 할 수 있는 1960년 당시 우리나라의 주택수는 346만호였다. 전국적으로 주택보급률은 79.1%, 그러나 사람들이 몰려드는 서울과 부산은 58.7%에 지나지 않았다. 1970, 80년대에는 인구증가, 핵가족화 등으로 가구수가 가파르게 증가하면서 주택시장 사정이 더욱 나빠졌다. 특히 도시화가 급속히 진전되면서 대도시에서는 상황이 더 악화되었다. 집을 계속 지어도 주택보급률이 오히려 떨어져버렸다. 김철수씨가 증언하는 청약 과열 현상의 배경에는 주택공급이 부족한 현실이 있다.

대여섯번 넣었는데 한번도 안됐거든요. 판교건 송파건 좌우지간 저희, 뭐 저희가 살고 싶은 지역은 하다못해 저 경기도권도 안되더라고요. 엄청 사람들이 청약을 많이 하다 보니까 안되고. 입지가 좋은 데는 한번도 된 적이 없더라고요. 그런 거를, 어디를 사면 돈이 되고, 어디가 앞으로 어떻게 발전할 거고, 이런 거에 대해서 너무 많이 알고. 집에 있으면 컨썰팅 회사에서 전화가 너무 많이 와요. 그러니까 그런 유혹을 안 받아본 사람이 없을 정도고. 막, 주변에도 보면 어디 상가를 분양한 데 가서 보면 "샀다가 피(P: 프리미엄) 얼마 받고 팔면 돼." 이렇게 해서 돈을 많이 벌었다는 사람들 얘기를 많이 들어요. 가까이

에서도. 그럼 나도 '어머나, 나는 그동안 뭐했지? 아, 나도 몇천 있었
으면 그걸 해봤을 텐데……' 이런 생각이 들잖아요. 그렇다고 몇천을
융자를 받아가지고, 그게 어떻게 될지도 모르는데 하기는 조금 겁나
고. 그걸 늘 주변에서 기대심리를 가지고 집을 사서 기다리고, 뭐를
사서 기다리고 그렇게 재테크를 해요. 그래서 월급으로, 사업을 해서
돈을 벌어도 이렇게 기하급수적으로 돈을 벌기는 힘들잖아요. 근데
여기 있는 사람들은 그렇게 재테크를 해서 돈을 많이 벌어봤기 때문
에, 서울에서만 하는 게 아니라 여기서, 용인, 지방 가서도 하고 지방
에서 안되면 또 다른 곳에 가서 하고. 좌우지간 늘 그런 식으로 많이
한다는 걸 제가 느꼈어요. 지금에야 그걸 조금 느끼는 시점에 와 있으
니까 저 같은 경우에는 늦었죠, 상당히.(김인숙, 15면)

김인숙씨는 대여섯번 청약을 시도했는데 한번도 된 적이 없단다.
김인숙씨의 경우에서 볼 수 있듯이, 청약제도는 집이 절실히 필요한
이들에게 적시에 적정한 곳에 집을 공급하지 못했다. 김인숙씨의 이
야기에 등장하는 "돈을 많이 벌었다는 사람들", 즉 분양을 받았다가
프리미엄을 받고 파는 사람들 이야기는 분양시장과 부동산시장에
몰린 가수요를 보여준다. 이러한 가수요는 집 없는 사람의 이름을
빌려 한 사람이 여러 개 청약하는 사태에까지 이르렀다. 앞서 김철
수씨의 이야기에 등장한, 주택청약을 하고 이를 전매해 시세차익을
챙기면 술을 사주던 동료 이야기가 바로 그런 사례다. 이러한 투기
수요는 집값이 오르면서 주택을 사고파는 학습효과에 의한 가격상
승을 더욱 부추겼다.
이제 청약제도는 청약가점제로 바뀌었다. 투기수요를 가려내고

무주택자인 실수요자가 주택을 공급받을 수 있도록 한다는 취지이다. 현재 몇몇 민영아파트에 이 제도가 적용되었는데, 보완해야 할 점이 여럿 지적되고 있다. 앞으로 실수요자를 돕는 제도로 정착하기를 기대한다.

주택시장 규제 수단으로서의 주택금융

주택금융 본래의 역할은 주택 구입을 돕는 것이다. 그러나 주택 공급 부족이나 투기수요 등 우리나라 주택시장의 특성 때문에 시장을 규제하는 수단으로 쓰이기도 한다.

금융제도 같은 경우에는 돈을 자유롭게 쓸 수 있게 해주는 것이라고 생각해. 그니까 돈을 못 갚을 사람에게는 빌려주면 안되겠지만, 충분히 상환 능력이 있는 사람들한테는 많이 빌려줘도 크게 문제가 안된다고 봐. (…) 돈을 6억을 갚을 수 있는 사람한테 3억을 빌려주는 거는 잘못된 거지. 자기가 필요하면 3억을 빌려 쓸 수 있고, 6억을 빌려 쓸 수 있고 마음대로지. (…) 집이라는 담보가 있으니까 은행에서 손해 보지만 않으면 충분히 할 수 있는 거 아닌가. 은행도 충분히 경쟁력을 가졌으니까 은행도 자유롭게 영업할 수 있는 길을 마련해줘야지. 그래서 그 안에서 시장에서 결정되어야 되는 것이지, 정부가 많이 관여하면 관여할수록 시장이 왜곡되니까.(김영철, 1면)

김영철씨는 분양할 때부터 시장을 떠들썩하게 한 유명한 주상복합아파트의 분양권을 프리미엄을 주고 구입해 입주했다. 김영철씨에게 주택금융은 '상환 능력에 따라 돈을 자유롭게 빌려 쓸 수 있는 제도'를 뜻한다. 그리고 대출 여부와 금액은 시장 원리에 근거해 이루어져야 하므로 정부가 관여하는 것은 바람직하지 않다고 본다. 그래서 현재의 대출제도에 불만이 많다. 맞벌이 부부로 상환 능력이 상당히 안정돼 있는데도 대출을 40%밖에 받지 못해서 모자란 부분을 고이율 신용대출로 메워야 했던 것이다.

김영철씨가 그러한 제한을 받은 이유는 집값 상승을 막기 위한 정책이 작용했기 때문이다. 앞에서 언급했듯이 외환위기 이후 지속된 저금리와 가계부채의 증가[15]는 집값 상승으로 나타났다. 그러나 금리를 올려 주택자금 대출을 억제하는 방법은 거시경제의 침체로 이어질 우려가 있기 때문에 정부는 주택자금 대출을 직접 규제하는 방법을 택했다.

이에 따라 집값 상승을 억제하기 위한 2003년의 10·29 대책과 2007년도 1·11 대책의 추진과정에서 주택담보대출 요건이 크게 강화되었다. 2003년 10·29 대책에서는 투기지역 내에서 아파트를 담보로 만기 10년 이하의 신규대출시 LTV*를 50%에서 40%로 하향조정했다. 이후 2005년 5월 이후에는 가격 불안 조짐이 다시 나타나자 차주가 동일할 경우 지역내 신규 아파트 담보대출 취급 건수를 1회로 제한하고[16], 배우자가 이미 주택담보대출을 했거나 만 30세 미만 미혼 차주에 대해서는 투기지역 아파트 대출을 DTI* 40% 이내로 제한했다.[17] 또한 대출을 받은 지 1년도 안되어 투기지역 내의 시가 6억원 초과 아파트를 신규 취급하는 경우 주택담보대출 규모를 DTI 40%로 제한했다. 위의 김영철씨는 광진구, 즉 투기지역 내에서 6억원을 초과하는 주상복합아파트를 새로 구입한 경우에 해당된다. 따라서 LTV 40%, DTI 40% 규제에 따라 주택담보대출 금액이 정해진 것이다.

LTV(loan to value)와 DTI(debt to income)

은행에 집을 담보로 제공해 돈을 빌릴 때 쓰는 개념으로 LTV가 60%라면 주택가격의 60%만을 빌려주겠다는 뜻이며, DTI가 40%라면 돈을 빌린 뒤 1년 동안 갚아야 할 원금과 이자가 빌리는 사람 수입의 40%를 넘지 않아야 한다는 의미이다.

DTI의 규제가 없던 몇년 전만 하더라도 아파트를 새로 분양받거나 구입할 때 은행에서 주택을 담보로 돈을 빌리는 사람의 수입에 상관없이 대출을 받을 수 있었다. 예를 들면 7억 원짜리 아파트를 살 때 이를 담보로 은행에서 LTV 60%를 인정받아 4억 2000만원(7억원×0.6)을 빌릴 수 있었다. 즉 주택을 구입하고자 하는 수요자는 2억 8000만원이 있으면 7억짜리 집을 살 수 있었다는 뜻이다. 그럼 DTI 40%를 적용하면 어떻게 될까? DTI가 40%라는 것은 '(1년치 원금＋이자/ 연소득)× 100=40%'으로 1년 동안 갚아야 할 원금과 이자가 연소득의 40%를 넘지 않아야 한다는 의미이다. 예를 들어 연소득이 5000만원인 직장인이 대출을 받는다면 1년 동안 갚아야 하는 원금과 이자가 5000만원의 40%를 넘어서는 안된다. 즉 2000만원을 넘으면 안되기 때문에 20년 만기로 대출을 신청하는 경우 약 4억 정도의 대출을 받을 수 있다. 이에 따라 LTV와 DTI 금액 중에서 낮은 금액을 은행에서 대출받는 것이다.

정부의 주택담보대출 규제는 주택시장에 유입되는 자금을 조절해 수요를 조절함으로써 집값을 안정시키는 한편, 집값이 하락할 경우 일어날 수도 있는 금융권의 부실을 방지한다는 취지로 시행되고 있다. 그러나 역기능도 나타난다.

현재 LTV나 DTI는 특정 지역의 집값을 잡기 위한 정책인 거 같아요. (…) 결과적으로 이런 것들이 특정 지역 이외까지 적용되다 보니까 부작용이 조금 예상이 되고 있어요. (…) LTV를 제한하면 실질적으로 집을 사서 내 집 마련을 하려는 실수요자들을 족쇄를 채우는 것이 되지 않을까. 특히나 실질적으로 그전에 은행에서 담보 규정 70%, 80% 잡고 있는데 거기다가 은행에서는 상환하지 않을 것을 대비해 경매까지 고려해 서울의 경우 방 한 개당 소액 임차보증금 1200만원을 제외하고 대출을 해요. 임대차보호법 때문에. 이런 것들이 문제죠. (…) DTI나 LTV 같은 경우에는 다주택자한테는 당연히 필요한 거라고 봐요. 그다음에 강남이랄까, 집값이 높은 특정 지역에 적용한 것은 당연한데 DTI나 LTV를 지역별로 차등 적용하는 그런 게 있으면 좋지 않을까? 개인적인 제안도 해봅니다. (김철수, 12면)

김철수씨는 실수요자가 아닌 다주택자나 투기지역에는 대출 규제가 필요하다고 본다. 그러나 이러한 규제를 모든 지역에 일괄 적용하면 내 집을 마련하려는 실수요자들이 오히려 피해를 보거나, 기존 주택을 처분하고 더 넓고 편리한 주택으로 옮기려는 수요를 위축시키는 부작용이 일어날 수도 있다고 본다. 보도된 자료[18]에 따르면 국내 은행이 일반 지역 주택을 담보로 한 주택담보대출 잔액은 2006년 9월 이후 줄어든 반면, 투기지역 주택을 담보로 한 대출 잔액은 2007년 3월까지도 증가세를 유지했다. 주요한 규제 대상이 투기지역이었음에도 담보 여력이 부실한 서민들이 먼저 규제의 영향을 받으면서 일반지역 주택담보대출 잔액이 투기지역보다 먼저 줄어든 것으로 판단된다. 비슷한 연구 보고는 또 있다. 한국은행 보고서에 의하면[19] 월소득 150만원 미만 저소득 가구의 경우 LTV가 28%에 불과해 대출 가용성이 낮다. 그런 가운데 금리가 상승해 가계의 주택 구입 능력지수가 하락하면서 서민층의 대출 상환 능력도 크게 저하했다는 것이다. 이런 점을 고려하면 김철수씨의 제안대로 역기능을 최소화할 수 있도록 지역적으로 차별화된 규제 방안을 내놓을 필요가 있다.

실수요자들에게 응답하는 주택금융을 위하여

1990년대 중반까지 서민들이 내 집 마련을 위해 주택담보대출을 받기란 어려운 일이었다. 그러나 외환위기 이후 주택금융시장이 경쟁체제로 바뀌면서 서민들도 예전에 비해 쉽고 싸게 돈을 빌릴 수 있게 되었다. 하지만 집값 상승이라는 여건, 저금리로 말미암은 지나친 대출 경쟁과 단기 변동금리대출 편중으로 서민들은 또다른 어려움을 안게 되었다. 가수요가 끼어들어 주택대출이 급격히 확대되고 그것이 집값 상승의 한 요인으로 지적되면서, 앞에서 설명했듯이 실수요자들마저 규제의 영향을 받게 되었다.

주택금융시장이라는 것은, 어차피 대출이라는 것이 어느 정도 리스크를 부담하는 거니까 담보 위주보다는 개인신용이라든가 그 사람이 전에 쌓아온 신용등급 이러한 신용정보를 많이 적용해서 진짜 필요한 사람에게 돈이 가야 하지 않을까……? 노량진에서는 다세대나 단독주택이 환금성이 없는 물건이란 말이야. 그런 물건들은 대출할 때도

조금 힘들어. 아파트 같은 경우에는 5분이면 얼마 가능한지가 나오거든.(원상돈, 18면)

원상돈씨는 대출업무를 담당하는 은행원이다. 상환 손실이 없도록 대출 요청을 선별하고 결정하는 일을 하는데, 인터뷰를 하면서 내내 다세대와 다가구가 많은 노량진과 아파트가 많은 잠원동을 비교했다. 소득 수준이 낮으니 노량진의 경우 신용담보 측면에서 대출이 어려운 것은 그렇다 치더라도 주택의 물건담보 측정에서도 대출 비율이 낮다는 것이다. "진짜 필요한 사람에게 돈이 가야" 하는데, 그렇지 못하다는 이야기이다. 그런데 대출이 "진짜 필요한 사람"은 어떤 사람일까?

집을 사서 안정적으로 살면 참 좋겠다는 생각은 항상 했지만, 우선 애들 가르치는 것에 쫓기고 생활에 쫓기다 보니까 그런 생각은 못했지요. 집을 샀으면 좋겠다는 생각은 항상 머릿속에 있지만 그게 잘 안되더라구요.(최송림, 9면)

최송림씨처럼, 집을 사고 싶은 마음은 늘 있지만 당장의 생활에 쫓겨 전세금을 올려주며 이사를 다녀야 하는 사람, 혹은 좁은 집에 살다가 아이들이 자라면서 좀더 넓은 곳으로 이사를 가고 싶은 이들이 대출이 "진짜 필요한 사람"일 것이다.

주택금융의 역할은 그런 것 같아. 사람들이 더 쉽게 돈을 빌려서 더 나은 집을 살 수 있도록 도와준다는 거지. 지금 같아서는 그것이 좀 어렵다는 거. 주택 구입을 쉽게 하는 방법, 일단은 공급을 원활하게, 지금보다는. 정부가 공급 측면에서 해줘야 할 것이고, 수요 측면에서는 여전히 사람들이 더 낮은 금리에 안정적인 주택담보대출을 이용해 집을 살 수 있도록 만들어줘야 해. 양 사이드를 해줘야지, 한쪽 측면만을 해준다고 해결되는 문제는 아니라고 생각해.(이창숙, 16~17면)

이창숙씨의 표현을 빌려 다시 강조하자면 실수요자들이 "더 낮은 금리에 안정적인" 대출을 이용해 "더 나은 집을 살 수 있도록" 도와주는 게 주택금융의 역할이다. 그런데 이창숙씨가 지적하듯이 주택금융은 주택시장의 수요공급 동향이나 주택정책과 긴밀히 맞물려 있다. 김인숙씨나 최송림씨에게 주택은 '안정성'을 의미한다. 반면 김영철씨나 박인형씨에게 주택은 투자 이익을 따져 사고파는 '부동산' 상품, 부의 축적 수단이다. 주택에는 분명 그러한 양면성이 있으며, 어느 한쪽만 정당하다고 말하기는 어려울 것이다. 그러나 한 가지 분명한 것은 주택금융이 누군가에게 희망이 되려면, 요컨대 "돈이 진짜 필요한 사람"에게 도움이 되려면 '부동산'이 되기 전부터 '집'이 해온 본원적인 역할, 즉 '삶의 거처'로서의 역할을 우선 고려하는 정책 관점이 필요하다는 것이다.

우리시대 희망찾기

4장

주택문제는 수도권만의 문제인가?

04장

주택문제는 수도권만의 문제인가?

지방은 집값이 오르지 않는다

외환위기 이후 주택시장은 전례 없는 호황을 누렸다. 외환위기 이후 급격한 상승세를 보이던 집값은 2004년 들어 가격이 소폭 하락하며 안정세를 찾는 듯했다. 그러나 잠시 숨고르기에 들어간 것일 뿐 2005년과 2006년 다시 급격히 집값이 올랐다.

상황이 이러하니 온 나라가 들썩였다. 너도나도 모이면 집 얘기뿐이고, 집을 사서 시세차익을 얻는 데 관심이 집중되었다. 이러한 열기는 부동산 정보에 쉽사리 접근할 수 있게 되면서 가속화되었다. 인터넷 확산으로 인한 부동산 정보업체의 발달, 언론보도의 증가로 부동산 정보는 방송·신문·인터넷에서 사람들을 자극하기 시작했다. 사회적 이슈라는 면에서 '부동산'은 최근 몇년간 독보적인 주제였다.

반면 지방 주택시장은 2004년 이후 가격이 안정되었다. 어찌 보면 2000년대 후반 이후 지방의 주택시장은 우리가 바람직한 방향으로 공감해온, '상품으로서의 부동산'이 아닌 '주거 개념의 집'이 구현된 사례라고도 볼 수 있을 정도이다.

> 서울 살 때 아파트가 있었는데 그걸 팔고 내려왔지. 89년도에 팔았을 거예요. 여기 와서 대전에서 집을 잡았는데, 단독을 잡았는데 여태까지 그냥 그놈이 그놈이야. 내가 그거 7400 주고 단독 잡아가지고 그냥 그 집은 그냥 그대로 있는 거지 뭐. 나야 뭐 정년하고 나온 지가 3년 되었는데. 지금은 서울로 가서 살라고 해도 못 살겠어. 서울 올라가면 답답해.(최노식, 1~2면)

은퇴한 지 3년 된 최노식(60세)씨는 1989년 직장이 계룡시로 이사할 때 서울에 있던 집을 팔고 지방에 자리를 잡았다. 그리고 지금의 생활에 대체로 만족스러워한다. 그는 최근 주택시장에 대한 의견을 묻자 귀찮다는 듯 얘기했다. "그런 거는 나는 잘 모르겠어. 나는 그냥 나름대로 행복하게 살아. 서울 사람은 서울 사람이고." 최노식씨는 정부가 내놓는 정책에도 무관심했다. 물론 언론매체를 통해 수도권 집값이 많이 오른다는 소식은 듣지만 지금 생활에 만족하기 때문에 별로 신경 쓰지 않는다는 것이다.

> 이제는 투기는 없더라고요. 이야기 많이 들어보면 이제는 세금이 높고 하니까 집을 사가지고 투기해야겠다는 그런 생각은 잘 없더라고

요. 모이면 정치 이야기 시끄럽잖아요. (…) '집 사가지고는 투기가 쉽지 않다'라고 그렇게 얘기들을 많이 하더라고요.(김정순, 3면)

김정순씨(51세)는 인천에 살다 1996년도에 남편을 따라 대전으로 이사했다. 최노식씨와 마찬가지로 수도권에서 생활하다 지방으로 내려온 경우이다. 김정순씨의 경험에 따르면 지방에서는 부동산 투기가 거의 사라졌다. 주변에서 투기하는 사람 본 적도 별로 없고, 다들 그렇게 이야기한다는 것이다.

가격이 안정되면서 투기가 사라지고 '주거 개념'이 자리 잡았다는데, 그렇다면 지방의 주택시장이 성공 모델일까? 수도권 주택시장이 지방 주택시장의 사례를 도입하면, 집이 투기의 대상이 아니라 삶의 터전이 될 수 있을까? 우리 모두 알듯이, 불행히도 그렇지 않다.

집값이 싼데도 행복하지 않다

어르신들 입장에서 '그냥 먹고살기만 하면 된다'고 생각하실 수도 있고, '그냥 남은 노후를 편안하게 욕심 부리지 않고 살아야겠다' 하는 분들은 그렇게 생각하실 수 있겠지요. 하지만 앞으로 지금보다 나은 생활수준, 그리고 아직까지 희망과 도전하고 싶은 욕망이 있는 젊은 사람으로서는 지방에서 그냥 그렇게(웃음) 집값 그냥 안정되었다고 해서 좋아하지는 않을 것 같아요.(김영진, 4면)

회사원인 김영진씨(33세)는 입사 후 2년 동안은 고향인 순천에서 근무했다. 그러다 2년 뒤 대전지점으로 발령이 나 대전으로 옮겼다가 2008년에는 다시 서울로 발령이 났다. 결혼을 앞두고 있던 김영진씨는 발령을 받고 난감하기 짝이 없었다. 그 이유는 김영진씨의 분류에 따르면 "편안하게 욕심 부리지 않고 살아야겠다"고 마음먹은 사람에 속하는 김정순씨도 잘 알고 있다.

서울 집값도 강남하고 강북하고 많이 차이나는데요? 그래도 강남하고 강북하고는 비교가 안되지요. 여기 뭐 47평 2억 1000이라 해도 거기 18평 값밖에 안돼. 그러니까 우리 같은 사람은 그런 데 가서 살 엄두도 안 나지요.(김정순, 2면)

김정순씨에게 서울은 "거기 가서 살 엄두"가 안 나는, 일종의 '다른 나라'이다. 더욱이 김영진씨처럼 "희망과 도전하고 싶은 욕망이 있는 젊은 사람들에게" 수도권은 지방과 비교할 수조차 없이 집값이 비싸기 때문에 맞교환이 불가능할뿐더러 심지어 불공정한 '기회 박탈'로까지 여겨진다.

1년 지나서 3억씩 올랐다고 하는데 여기는 1년 내내 해봐야 몇천만원 오르기도 힘들고, 상대성이 엄청난 거지 뭐…… 처남이 분당에 살고 처제도 수서에 살고. 그 사람들은 가만히 앉아서 자기가 계속 지니고 살면 모르겠지만 투기 목적으로 했다면 짧은 시간에 우리네 평생 버는 거보다 훨씬 더 많이 버니까…….(최노식, 2면)

지방 주택이 거주용이라고 해서 행복하다고 말할 수는 없습니다. 왜

김영진씨가 생각하기에 처음 집을 살 때의 투자비용이 같을 경
우, 수도권에 사는 사람들은 집값 상승에 따른 시세차익을 얻을 수
있는 '기회'라도 있다. 하지만 지방에 사는 사람들은 "희망과 도전
하고 싶은 욕망"은 말할 것도 없고 인사발령이나 이직 같은 불가피
한 이유 때문에 수도권으로 거주지를 옮겨야 할 때 집 판 돈으로 전
세조차 얻기 힘든 일이 벌어진다. 결국 김영진씨는 결혼을 미루었
다. 은퇴 이후의 삶을 보내거나 지방에서 평생 살 수 있는 여건이라
면 몰라도 지방 주택 가격이 안정되었다고 해서 "행복하다고 말할
수 없는" 노릇이다.

이런 형편을 알고 나면 앞서 최노식씨가 집값이나 정책에 신경을
안 쓴다고 한 이유도 불만이 없어서라기보다는 사실은 관심 가져봐
야 나하곤 상관없다는 체념에 기인한다는 것을 알 수 있다.

최노식씨는 언론매체에서 집값 상승 기사를 보면 허탈함을 느낀

다고 한다. 그런 허탈감은 자신이 너무 멍청하거나 초라해 보이는 자괴감으로 발전하기도 한다. 최노식씨만 그렇지는 않을 것이다. 서울과 지방의 집값 차이는 그야말로 '생각 안하면 멍청한 것 같고, 생각하면 스트레스 받는' 일이 되었다.

> 주택을 되팔아서 발생하는 1억 이상의 수익을 상상도 할 수 없을뿐더러 직장인들이 몇년, 약 8년 정도 모아도 그런 돈을 벌 수 없죠. 그리고 만일 8년에 걸쳐서 그 돈을 모은다 그러면 그동안 들어가는 생활비도 있고 여러 가지 비용도 만만치 않기 때문에 8년도 더 걸릴 것 같습니다.(김영진, 7면)

앞으로 살아갈 날이 많은 김영진씨 같은 젊은이들에게 돈을 벌어 가족을 부양하고 안정된 자산을 축적하는 것은 가장 중요한 일이다. 그런 만큼 수도권의 집값 상승 소식은 소외감을 넘어 때로는 일할 의욕을 잃어버리게 한단다. 물론 이런 소외감은 비단 지방 젊은이들만의 이야기는 아닐 것이다. 주택을 보유하지 못한, 아니 주택을 보유했더라도 값이 그다지 오르지 않으면 누구나 어느 정도 박탈감을 느낄 수 있다. 그러나 지방에 사는 대부분의 사람들이, 특히 "희망과 도전하고 싶은 욕망"을 가진 젊은이들이 그런 소외감과 박탈감에 시달린다면 큰 문제가 아닐 수 없다.

집값이 오르지 않는다면 반가워해야 할 일이다. 그런데 그것이 오히려 소외감과 상대적 박탈감을 주는 지방의 현실은, 집값이 올라서 고통스러운 수도권과는 또다른 맥락에서, 우리나라 주택 씨스템의 문제점을 보여준다. 과연 무엇이 문제인지 지방 주택시장의 현실을 살펴보자.

미분양 사태, 주인 없는 집이 쌓인다

가격을 내리는 것 외에 할 수 있는 일은 없어요. 계약조건 완화, 계약금을 줄여주고 중도금을 거치로 이연시켜주든지 또는 중도금 이자를 뒤에 내도록 하든지. 그다음에 아예 중도금 이자까지도 무이자로 해주든지. 이런 부분들, 쉽게 말하면 5~10%만 계약금을 내면 입주 때 돈을 마련을 하면 될 정도로 했지만. 이게 특정 업체가 처음 할 때는 약간 효과가 있었지요. 일반화되어 버리고. 그다음에 수요자 입장에서는 '혹시 다른 또 괜찮은 조건이 나오지 않을까.' 발코니 섀시를 해준다, 발코니 확장을 무료로 해주겠다. 다른 업체 또 하면 또 마찬가지 되고.(홍태석, 14면)

홍태석씨(44세)는 대형 건설업체에서 주택기획 및 지방 사업을 담당해왔다. 그는 최근 주택시장의 침체를 절감하고 있다고 한다. 특히, 지방에서 추진하던 주택사업은 분양이 안돼 매우 큰 어려움을 겪고 있었다. 분양률을 높이기 위해 각종 혜택을 제공하지만 신규분양시장은 활기를 찾아보기 힘든 듯했다.

주택시장의 과열 양상으로 시장이 떠들썩할 때마다 홍태석씨로선 이러한 언론보도나 정부의 대책이 상황을 더욱 힘들게 하는 요인으로 느껴졌다. 주택시장이 불안정할 때마다 발표한 정부의 부동산 대책은 시장에 엄청난 관심을 불러일으켰지만 이는 수도권에 국한

된 이야기일 뿐이다.

IMF 이후에 분양가 자율화하고 전매제한을 풀어주고 했던 그 부분, 어려워서 풀어줬던 부분(때문에) 사실 2001년 2002년에 경기가 나아졌어요. 수도권부터 나아지면서 지방까지 분위기가 내려갔는데. 다시 2003년 2004년은 수도권 집값 잡기 위한 대책들이 나오면서 지방이 먼저 경기가 안 좋아지기 시작을 했고요. 물론 그 이전에 수도권 쪽 사업성 악화로 사업 여건이 어려워지니까 수도권 쪽 업체들이 지방으로 내려간 이런 경우가 많았고, 지방 사업을 많이 하려고 그때부터 시작을 했고, 그러다 보니까 지방은 경기가 안 좋아지는 시점에서 공급 물량까지 늘어나는 상황이 되었어요.(홍태석, 1면)

홍태석씨는 최근 지방 주택시장의 침체에는 주택공급 증가가 매우 중요한 원인으로 작용했다고 판단한다. 2001~02년 주택경기가 살아나는 가운데 수도권에서 규제가 심화되자 지방으로 건설업체들이 진출했는데, 이는 이후 밀어닥친 침체기와 맞물리면서 공급 초과 상황으로 치달았다는 것이다. 집값 상승률은 2004년 이후 물가 상승률을 밑돌았고(이는 실질 집값이 하락했음을 의미한다), 부산을 포함한 일부 광역시는 오히려 하락했다. 반면 공급은 지속되면서 미분양은 쌓여갔다. 2004년부터 시장이 안 좋았는데 공급은 왜 지속되었는가? 업체들이 공급 물량 조절에 실패한 것일까?

업체들이 공공기관이 아니기 때문에 물량을 조절할 수 있는 기능은 없습니다. 자기 회사가 할 수 있는 사업을 할 거냐 말거냐, 이 부분을 결정을 해서 할 거라고 판단을 해서 추진을 하고 중간에 사업포기 같은 것은 어렵지요. 땅을 직접 사는 시행사 또는 자기가 직접 땅을 산다고 했을 때 사업 분양까지 걸리는 시간이 최소한 1년 정도 걸리거든요. 그사이에 금융이라든지 세제라든지 정책적인 변화가 있었다, 그렇다고 해서 그 사업을 바로 포기하거나 땅을 되팔수 있는 형편이 아니고, 대신 혹시나 다시 상황이 나아질까 그렇게 생각을 해서 사업을 미루는 거지요. 분양을 못하고.(홍태석, 3면)

홍태석씨는 공급과잉을 초래한 원인이 업체들만의 문제는 아니라고 생각하는 듯했다. 사업 기간을 감안할 때 시장 상황을 고려해서 물량을 조절하기는 상당히 어렵다는 것이다. '공급과잉 책임이 업체에 있다'라는 일반적인 인식과는 달랐다. 그는 주택시장은 정책 변화에 민감할 수밖에 없는데, 그에 비추어 "정부의 정책 변화를 예측"하기가 매우 어렵다고 이야기했다.

수도권 특히 강남의 규제, 그리고 분양 관련 특히 재건축 관련해서 규제들이 계속 쏟아져 나오니까 사업이 지연되면서, 도시정비법 시행되면서, 사업 일정들이 대부분 다 지연이 되었어요. 안전진단 강화, 최근에 임대주택 의무비율이라든지, 소형주택 의무비율 뭐 이런 쪽으로 하다 보니까 기존에 서울시내 택지들이 많이 있었던 건 아니고 그러다 보니까 지방 쪽으로 갔죠. 지방은 여건이 좋아서 간 거라기보다는, 일부 지역을 위주로 그래도 주변시세보다는 높을 수밖에 없지만 주택 수요가 있는 쪽 위주로만 사업들이 진행이 되었다고 보시면 돼요.(홍태석, 2면)

그는 또한 정부의 규제가 업체들을 지방으로 내몰았다고 얘기한다. 2003년 10·29대책 이후 수도권의 택지 부족, 규제정책 등의 영향으로 서울과 수도권의 대형업체들이 지방 주택사업에 열을 올렸고, 지방 중소업체들의 서울 대형업체 따라하기가 전국 방방곡곡에서 벌어졌다는 것이다. 책임 소재와는 별개로 주택업체의 지방시장 진출은 수치로도 잘 나타난다. 주택건설 실적은 외환위기 이후 서서히 증가하다 2002년도에 약 66만호로 가장 많은 주택이 공급되었다. 이후 주택공급은 조금씩 내리막길을 걷고 있다. 2007년 말에 시행된 분양가상한제를 피하기 위해 2007년에, 물량이 50만호를 넘어선 것을 제외하면 공급시장이 지속적으로 위축되고 있다. 그러나 비수도권의 경우 2004년부터 시장이 침체했음에도 2007년까지 주택공급이 연 25만호를 상회했다. 이 기간에는 수도권에 비해 부족했던

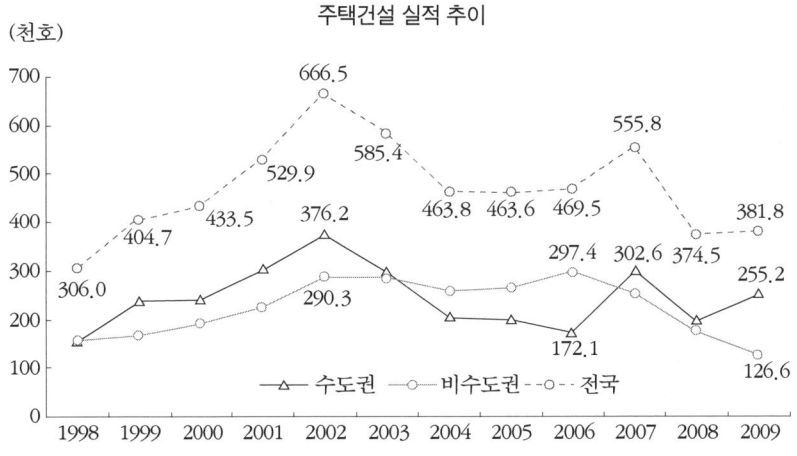

주택건설 실적 추이

자료 : 국토해양부

주택건설 비중이 2004년을 계기로 역전되기에 이른다. 결국, 수도권에 비해 수요가 낮은 지방에 주택이 더 많이 공급되었다는 얘기다.

지역별로 특징이 다르지요 광주는 만성적인 것 같고요. 초기 분양 20~30%에서 입주 때까지 가서 80~90%. 거의 보고 산다는 후분양 개념에 접근해 있다고 보시면 되고. 그다음에 부산도 최근에 광주 현상을 쫓아가서 지금은 입주 후 미분양이 한 20% 정도 있는 상태고. 그다음에 대구 같은 경우 입주 미분양 물량은 많지 않은데 미분양이 점차 증가하고 있는 추세죠. (…) 부산 같으면 부산시에서 미분양 현황 집계한 것을 보면 (…) 입주 예정으로 되어 있는 물건들이 그대로 다 미분양 표시가 되어 있죠.(홍태석, 3면)

홍태석씨는 미분양이 계속 늘어나는 것을 가장 걱정스러워했다. 홍태석씨에 따르면 지방시장은 일반인이 생각하는 것보다 신규시장의 침체가 심각했다. 게다가 이미 분양이 끝난 아파트에도 입주를 하지 않는 경우가 생긴다. 분양이 끝났는데도 계약금을 포기하는 사람들이 발생하고, 재계약자가 나타나지 않는 경우도 있다고 한다. '주인 없는 집'이 쌓이고 있다는 얘기다. 이는 어쩌면 당연한 결과일 수 있다. 시장이 호황일 때 공급이 증가하는데, 어느 순간 수요를 초과한다. 결과적으로 공급 초과 현상이 나타나면서 시장은 하향곡선을 그린다.

신규분양시장 현황은 지방 주택시장의 한 단면을 보여준다. 단순히 집값이 오르지 않는 것 이상으로 신규분양시장 부진은 지방의 주택 수요가 얼마나 위축돼 있는지 가늠하는 잣대가 될 수 있다.

새 집으로 이사가는 데 추가 비용이 너무 많이 든다

기존 주택의 거래가 안되기 때문에 거래 순환이 일어나지 않는 점도 문제다. 이는 최근 주택 거래의 부진으로 인한 부작용으로 이해할 수 있다. 가격이 오르고 안 오르고를 떠나 거래 부진은 주택 이전에도 걸림돌로 작용하고 있기 때문이다.

> 그 부분은 분양시장하고 또다른 점이 세금, 대출 이 부분에 연결시켜 가지고 분양받은 사람이 입주를 못하는 현상들이 나타나고 있는 거지요. 입주율이 낮아지는 게. 왜냐? 기존에 주택이 있었는데 사람이 주택을 팔고 가야 되는데 기존의 주택 자체도 거래가 안되기 때문에……. 순환이 안되지요. 그다음 어떤 경우는 세금 때문에 못할 수도 있고. 그다음에 새 아파트에 들어가려고 해도 대출, 중간에 계약금하고 중도금은 금융기관에서 해야 되는데 그 부분도 제한적이고. 그러다 보니까 기존 주택을 팔아야 되는데 못 들어가고. 세제하고 금융하고 맞물리면서 팔지를 못해요. 기존 주택 거래가 안되면서 입주에도 영향을 주고, 입주를 못하는 것에도 영향을 미치고 있는 상태라고 보시면 될 것 같습니다. 그런 현상이 부산, 대구, 광주 다 공히 나타나는 현상들입니다.(홍태석, 7면)

홍태석씨는 시장 침체로 인한 거래 부진에 세제와 금융의 규제가 겹쳐 상황을 더욱 악화시켰다고 보는데, 지방에서 부동산 중개업을 하는 최성국씨는 업체들이 분양가를 지나치게 높게 책정한 것도 문제라고 지적했다.

서울이 오르니까 지방 같은 경우 서울에 인접할수록 집값 자체, 분양가 말입니다. 주로 아파트가 많으니까. 분양가격이 많이 오른 부분은 공급자 측면에서도 문제가 있었을 거구요. 실제 수요자 입장에서는 지방인데도 1000만원 이상씩 간다라는 그런 부분에 대해서는 문제가 있다고 봐야 되지요.(최성국, 7면)

최성국씨(41세)는 지방의 분양가가 서울보다 훨씬 싸긴 하지만 그마저도 "지방의 소득수준에 비추어 그리 만만한 금액이 아니다"라고 비판했다.

분양가는 땅값에 좌우되는 측면이 많지만, 결국 주변 시세를 반영하여 결정된다. 참여정부 출범 이후 전국적으로 개발사업 붐이 일면서 택지가격이 급등했고, 이는 자연스럽게 분양가 상승으로 이어졌다. 분양가 상승은 전국에 걸친 현상이었지만, 상대적으로 지방의 상승률이 낮았다. 하지만 지방시장은 실수요층이 얇고 소득수준이 낮아 경기변동에 취약하다. 8·31대책과 3·30대책으로 부동산경기가 급격히 위축되면서 서울 등 외지인들의 지방 고가 아파트에 대한 투자 수요가 급감했다. 2002년 평균 아파트 분양가를 2008년 초와 비교해보면, 광역시는 10.3%, 도는 14.2%의 증가율을 보였다. 가장 높은 상승률을 보인 지역은 울산(27.7%), 대전(18.7%), 충남(17.9%) 등이었다. 금액으로 보면 적게는 200만원대, 많게는 600만원대의 차이를 보일 정도로 분양가가 올랐다. 기존 아파트를 매각하고 신규 아파트를 분양받은 경우 난감한 상황이 발생하기도 했다.

집을 사기 위해서 기존의 아파트를 판다고 하면 그 아파트가 분양받은 아파트보다 가격이 더 낮은 경우도 있고요, 기존의 아파트도 잘 안 팔리고 이런 경우도 있어요. 그러니까 정말 답답하죠.(김영진, 6면)

분양가는 높은데 시장이 침체해 기존 주택을 팔기가 어려워진 것이다. 이렇게 되면 기존 주택을 매각한 금액으로 주택을 구입해야 하는 수요자 입장에서는 수도권과는 달리 신규분양주택과 기존 주택과의 가격차가 너무 커서 주택 구입이 어려워진다. 특히, 이미 주택을 구입해 입주를 앞둔 경우 기존 주택 매각에 문제가 발생하면 더욱 난감하다. 중도금과 잔금을 치르기가 곤란해지기 때문이다.

실제로 2008년초 수도권과 달리 지방 신규주택의 가격은 기존 주택가격을 크게 웃돌았다. 이는 기존 주택을 매각하고 좀더 좋은 환경으로 이전할 경우 수도권에 비해 추가비용이 들 수밖에 없음을 의미한다. 정부의 분양가 규제, 시장 침체로 인한 업체들의 분양가 인하 등으로 집값은 지속적으로 하락한다. 그러나 지방 거주자들에게 분양가는 여전히 높은 편으로 느껴진다.

이런 가운데 현재 지방의 주택시장은 침체에서 벗어나지 못하고 있다. 2007년 이후 수도권 역시 전반적으로 조정국면이 지속되고 있지만, 2004년 이후 시장의 흐름을 보면 지방 주택시장의 침체가 더욱 심각하게 느껴진다. 2009년도에 대전과 부산광역시에서 공급물량이 크게 감소하며 집값이 다소 상승하기는 했지만, 여전히 산재한 미분양 아파트를 고려하면 시장의 회복을 논하기에는 조금 이른 듯싶다.

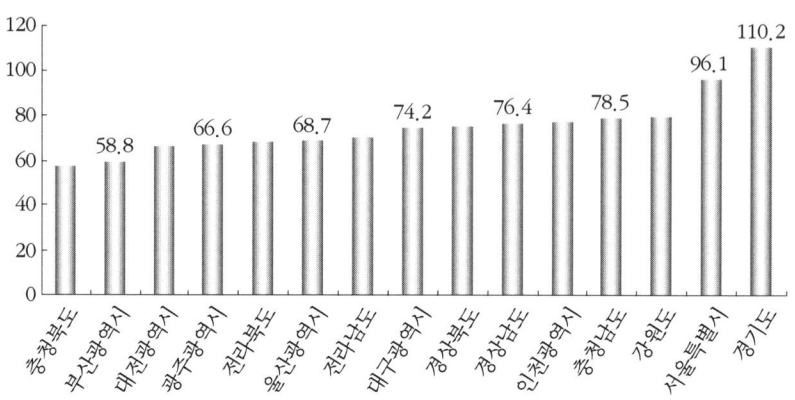

기존 주택과 신규분양주택의 가격 비율(2008년초 기준)

주: 기존 주택은 분양 후 5년 이내의 주택임.
자료: 부동산 114, 메리츠부동산금융연구소

주택 매매가격 상승률

(단위: 전년 대비 증감률)

구분	2001년	2002년	2003년	2004년	2005년	2006년	2007년	2008년	2009년
전국	9.9	16.4	5.7	−2.1	4.0	11.6	3.1	3.1	1.6
수도권	13.9	21.8	7.4	−2.9	5.1	20.3	5.6	5.0	1.3
광역시	9.8	12.3	4.6	−2.1	2.2	4.0	2.4	3.3	1.7
부산	7.8	11.7	4.1	−4.1	−1.1	−0.6	0.2	2.5	4.5
대구	10.7	9.8	1.7	−1.6	7.6	1.6	−1.8	−2.2	−1.0
광주	−1.9	6.0	0.3	1.3	4.1	3.2	−0.1	1.3	−0.6
대전	7.1	9.9	18.1	0.3	2.1	−0.7	−1.1	0.7	5.3

자료 : 국민은행

규제는 같이 받고 좋은 정책에서는 소외된다

지난 2007년 정부는 대구, 부산, 광주 등 대부분 지역을 투기과열지구에서 해제한다고 발표했다. 하지만 그전부터 지방은 실수요자 위주로 재편된 지 오래이다. '투기'는 지방에서는 낯선 이야기이다. 최성국씨는 투기과열지구에서 해제되기 한참 이전부터 투기란 용어는 지방에 어울리지 않았다고 단언한다.

서울, 수도권은 아직까지 신도시니 해가지고 일부 투기수요가 있겠지만 지방에는 거의 없다고 보는 게 맞지 않나 봅니다. 주택에 대한 투기수요를 막고자 금융제재 수단뿐만 아니라 세금 관련해가지고 1가구 2주택 중과세 시행한 부분, 3주택의 경우 60%, 이렇게 50~60%씩 부과해가면서, 좋게 말해서 투자의 수단으로 하기는 맞지 않는다는 거죠. 그러다 보니 가수요가 많이 가라앉아 버리고 그러다 보니 미분양이 많은 것 같아요.(최성국, 2면)

수도권 가격 잡겠다고 대출규제도 하고 이런 얘기가 있습니다. 수도권 집값 잡겠다고 대출규제까지 하면 지방은 전혀 고려를 하지 않고 있다 이런 생각이 들어요. 지방에서도 주택도 구입해야 되고 부족한 자금도 충당해야 되는데 그런 것들은 전혀 배려가 없는 것 같습니다.(김영진, 6면)

수도권 집값이 오르면서 정부는 시장규제에 정책의 초점을 맞추었고, 이는 지방에도 거의 그대로 적용되었다. 수도권과 지방의 형편이 현저히 다른데도 정부는 지역별 상황에 맞는 차별화한 대책을 내놓지 못했다. 실수요자인 김영진씨가 말하듯이, 투기지역 지정뿐 아니라 대출규제 정책 역시 지방의 형편은 전혀 고려하지 않은 결과였다. 이렇다 보니 지방에서는 '투기 없는 투기과열지구'가 생겨나고 침체의 골이 더욱 깊어졌다. 결과적으로 투기과열지구 해제는 너무 늦었다. 정부의 늦은 대처가 지방 주택시장의 문제를 더욱 악화시켰다고 볼 수 있다.

> 투기과열지구를 풀었을 때 나타나는 효과는, 전매제한이 기존에 계약일로부터 1년이던 것이 풀렸기 때문에, 크게 영향이 있는 것은 아니고 오히려 마이너스적인 현상이 발생되었어요(오히려 시장에 악영향을 미쳤어요—지은이). 전매제한을 받았던 조합원들이 반대로 매물로 내놔버리고, 그다음 또 계약을 했던 사람들도 다시 내놓고. 전매제한이라는 게 이미 계약한 사람들이 전매 가능하기 때문에 미분양 상태에서 매물이 계속 나오는 그런 상황이 된 것이죠. 기존에 지금 미분양된 상태인 물건을 사가는 것보다……. 그리고 이게 효과를 발휘할 수 있는 그런 기반, 펀더멘털이 갖추어져 있다면 효과를 발휘할 텐데 도를 넘어서 악화가 된 상태이기 때문에 투기과열지구를 해제한다고 해도…….(홍태석, 7면)

홍태석씨는 투기과열지구 해제가 사업에 별로 도움이 되지 않을 것이며, 오히려 악영향을 미칠 수도 있다고 본다. 공급 과잉 상태에서 매물만 늘어날 수도 있다는 것이다.

사실 '지방을 위한 주택정책'이라는 게 따로 존재하기는 어렵다. 수도권과 지방이 완전히 동떨어진 시장일 수는 없기 때문이다. 한쪽에서 어떤 정책을 펴면 다른 한쪽에도 많든 적든 영향을 미칠 수밖에 없다. 하지만 최근 수도권과 지방이 너무 다른 시장이 되어버린 상황이라 차별화된 정책은 분명히 필요하다는 생각이 든다.

과거에는 수도권이나 지방이나 시장의 흐름이 유사했다. 집값의 상승이나 하락 폭은 차이가 났지만 시장의 국면 자체는 유사했다는 말이다. 그러나 2004년 이후 수도권과 지방은 서로 다른 흐름을 보이고 있다. 이런 상황에서 수도권을 주요 대상으로 한 규제 일변도 정책은 지방에는 치명적인 타격을 줄 수도 있다.

집값이 급등한 2002년 이후 신규주택 분양가에 대한 거품 논란이 지속되면서 저렴한 아파트의 공급이 핵심 이슈로 부각되었다. 이에 따라 토지임대부 분양아파트[1], 환매조건부 분양아파트[2], 장기전세주택[3] 등 수많은 정책이 발표되었다. 이는 주택을 투자 개념에서 거주 개념으로 전환하려는 의도를 담고 있다. 그러나 이런 정책은 오히려 지방에 더 긴요할 수도 있다. 거주 중심 주택으로 전환이 정책의 핵심인 만큼, 이런 개념이 어느 정도 정립된 지방에서 더욱더 실효성이 있을 것이기 때문이다.

글쎄요. 장기임대아파트, 반값아파트 이런 것들도 거의 수도권에 치중된 것 같아요. 지방에서 오히려 더 필요할 수도 있을 것 같아요. 거주 개념으로 지방에서는 거의 생각을 하고 있는데. 재테크나 투기 개념보다는요. 수도권에 비해서 지방에서 주거 개념으로 이렇게 생각하고 있으니까 오히려 더 도움이 되지 않을까 하는 생각도 듭니다. 지방

에 대한 배려가 없는 것 같아요.(김영진, 6면)

물론 이런 정책이 미칠 영향에 대한 주민들의 판단이 아직 정확하지 않을 수도 있다. 그러나 주택정책의 초점이 수도권에 맞추어지다 보니, 규제는 동시에 받으면서 좋은 정책에서는 소외된다는 불만 또한 크게 작용한다.

서울이라고 해서 한 사람이 두 집 살림하고 두 집을 다 가지는 것은 아니잖아요. 지방에도 마찬가지입니다. 주택정책이 성공하기 위해서는 서울뿐만 아니라 지방에도 반값아파트라든가 좋은 의미에서 추진을 하고 있는 사업은 지속이 되고 실제로 시행이 되가지고 많은 사람이 혜택을 볼 수 있도록 해야 실질적으로 주택에 대한 투기라는 개념이 조금 감소되지 않나 그렇게 보거든요.(최성국, 6면)

주거문제가 수도권에만 나타나는 건 아니다. 좋은 집에서 살고 싶은 욕망, 좀더 나은 주거 환경에서 살고 싶은 욕망은 누구에게나 있다. 지방이라고 다를 리 없다. 주택문제는 나라 전체의 문제라는 시각으로 접근해야 할 것이다.

결국 문제는 수도권 집중이다

지방 거주자들의 소외감과 박탈감은 자산가치의 불평등에서만 생겨난 게 아니다. 수도권에 비해 열악한 인프라나 생활 여건, 문화에 대해서도 할 말이 많다. 말하자면 주거만족도, 삶의 질이 떨어진다는 것이다.

> 가정도 꾸리고 자녀교육 문제도 있고. 그래서 서울에 있어야 될 것 같아요. (…) 앞으로 지방이 지금보다 조금 주거 환경이나 인프라가 많이 발전하고 살기 좋아진다고 하면, 서울 정도는 아니더라도 생활수준이 근접하게 된다고 그러면 서울에 있는 집 팔아가지고 노후에는 지방에서 여유롭게 살고 싶은 욕망도 있습니다. (…) 노년기에는 그렇게 생각하고 있지만 젊었을 때는 아무래도……. 쇼핑이나 레저 등 생활환경이 지방보다 훨씬 낫잖아요. 지방에서는 공연 같은 거 보려면 1년에 한 번 볼까 말까? 보고 싶어도 어렵지요.(김영진, 7면)

김영진씨는 서울로 올라오기 전만 해도 지방에서 계속 살았으면 좋겠다고 생각했다. 서울보다 공기도 맑고, 집값이나 물가도 싸고, 일상도 여유가 있다고 느꼈다. 그런데 서울로 발령을 받은 뒤 경제적 형편 때문에 결혼을 미루었음에도 지금은 생각이 바뀌었다. 노년이라면 몰라도 한창 일할 나이까지는 서울에서 살아야겠다고 생각한다. 자녀교육이라든지 생활·문화 환경이 지방에 비할 수 없을 만큼 좋기 때문이다. 지방에 있으면 더 나은 삶을 열어갈 희망이 안 보인다는 생각이 든다고 한다.

> 제가 지방에서 있다가 서울에 오니까 지방이 생각보다 너무 발전이나 이런 게 더딘 것 같아요. 지방에 있는 분들하고 많이 연락을 하는데 "서울은 경기 어떠냐? 여기는 정말 말이 아니다" 이렇게 얘기를 합니

다. 현실적으로 좀더, 주택문제도 마찬가지지만 전체적으로 지역경제 활성화가 더 필요하지 않을까 생각이 됩니다. (김영진, 5면)

지방 주택시장의 문제도 결국은 지방이 수도권에 비해 경제적 자원이 빈곤하고 생산활동이 저조한 데서 온다는 말이다. 주택시장의 동향이나 주택정책에 대해 세세히 이야기하던 최성국씨도 마지막에는 같은 이야기를 한다.

지방 같은 경우도 좋은 여건에 있는 그런 환경에 대해서는 최소한의 수요는 있다고 봐요. 지방 경기하고도 무관하지 않고요. 지방의 사정, 도시의 인구가 줄어드는 형편인데 분양이 잘된다는 것은 어불성설이니까. 지방 경기하고도 관계도 있고. 원인을 한 가지로만 볼 수 없는 게 지방의 현주소 같아요. (최성국, 10면)

최성국씨는 지방 주택시장의 문제는 단순히 주택시장의 논리로만은 설명할 수도 해결할 수도 없다고 본다. '주택' 이전에 지방경제 침체, 인구감소 등 '지방'의 문제가 복합적으로 얽혀 있다는 것이다. 지방경제의 침체로 온갖 문제가 생겨나며 주택시장의 실상은 그 단면이라고 인식한다. 그런데 홍태석씨가 보기에 수도권 집중 현상은 나아지긴커녕 심화되는 듯하다.

KTX 영향으로 서울, 수도권으로 집중되는 현상이 더 늘었죠. 시간이 짧아지니까. 굳이 부산에 있을 이유가 없고 서울로 집중되는 현상이 역으로 생기는 거죠. 그런 게 있어서 더 편리해서 그 지역이 발전되기보다는 거기에서의 어떤 생산활동이든지 영업활동이 서울 쪽으로 더 빨려올 수 있는 거죠. 예를 들어서 의료. 아프다 그러면 그 지역 병원에 가는 게 아니라 신속하게 서울에 올 수 있으니까. 그런 현상들도 생기고. 쉽게 말하면 집을 봐도 국토 균형발전 한다고 하지만 효과를 나타낸 지역은 아직 없잖아요. 없지요. 오히려 수도권에 되고 있는 게 더 많아요. 특히 인천. 송도, 청라, 영종 해가지고 그쪽 중심으로. 서해안 해가지고 다 진행이 되고 있지요.(홍태석, 7면)

홍태석씨는 KTX 개통 이후 나타난 현상을 예로 들며, 모든 것이 서울로 빨려드는 현상을 지적한다. 접근성이 좋아지면 자원이 지방으로 분산될 것으로 기대했는데, 오히려 지방의 자원이 서울로 더 집중된다는 것이다. 그는 환자들이 지역 병원을 놔두고 KTX를 이용해 서울의 대형 병원으로 원정 치료를 받으러 가는 현상을 대표적인 사례로 꼽는다.

수도권 집중 현상에 대한 문제제기는 어제 오늘의 일이 아니다. 과거 참여정부는 지역 균형발전을 가장 중요한 국정 목표의 하나로 제시하고 추진했다. 지역 혁신을 통한 자립형 지방 실현을 목표로 국가균형발전특별법을 제정하고 특별회계까지 설치했다. 공공기관 이전 및 혁신도시, 혁신클러스터, 신활력사업, 살기 좋은 지역 만들기 사업과 더불어 수도권 발전 정책도 모두 이 범주에 포함되어 있다. 국가균형발전위원회는 2004년에 제1차 5개년 계획을 수립한 이래 부문별, 지역별 과제의 구체화에 주력하면서 2007년 한 해에만 약 18조 4000억원의 예산을 책정했고, 정권 말기임에도 2단계 정책을 제시하는 등 정책 집행에 강한 의지를 보였다.

구체적이거나 세부적인 내용은 제가 잘 모르겠는데. 계획은 항상 있더라고요. 그런데 실질적으로 계획만 세우고 지방자체단체 막 밀어붙이고 한다고 해서 그게 되지도 않고. 진행을 한다고 해도 그게 되는지 모르겠습니다. 더딘 것 같아요.(김영진, 10면)

김영진씨는 지역 균형발전 취지에는 공감하면서도 실제 사업의 성공 여부에는 비관적이거나 유보적이다. 지방자치단체로서야 환영할 일이나, 지자체가 밀어붙인다고 될 사업이 아닌 만큼 국가 차원의 결단과 배려가 없이는 늘상 그랬듯이 말로만 끝날지도 모른다는 의구심을 품고 있다.

한편 주택시장에 직접 개입하는 구술자들은 지방 주택시장에 미칠 영향을 중심으로 지역 균형발전 정책을 평가했다.

혁신도시, 예를 들면 공공기관이 지방으로 이전을 하면서 그것을 기반으로 필요한 주택을 공급을 해야 되는데, 혁신도시를 보면 주객이 전도된 거 같아요. 주택공급이 주가 아닌가. 그 면적들 보면 필요 이상으로 너무 크면서 안의 내용을 보면 주택들이 많아요. 그러면 지방이 주택공급 과잉 상태라고 쉽게 얘기하는데, 과잉이라기보다 수요가 위축돼서 수급 불균형이 역으로 발생된 상태거든요. 그 상황에서 다시 혁신도시에서 대규모 주택공급이 이루어지면 공급된 주택들이 제대로 소화되기는 어렵지요.(홍태석, 9면)

홍태석씨는 현재 상태라면 국토 균형발전 정책이 오히려 주택시장에는 더 문제로 작용할 개연성도 커 보인다고 말한다. 주택사업을 담당하는 홍태석씨에게 지역발전으로 인한 수요창출은 매우 반가운 일이다. 하지만 지방경제의 활성화나 일자리 창출이 안되는 상태에서 주택공급만 확대될 경우 벌어질 상황을 우려하는 듯하다. 물론 아직 사업이 본격화되기 전인 만큼 이런 우려가 기우로 끝나면 좋을 것이다.

주택만으로는 풀 수 없는 '주택문제'

지방 거주자들에게 주택은 이미 투자 대상이 아니라고 할 수 있다. 가격이 많이 오르는 집과 안 오르는 집이 아니라, 편하고 살기 좋은 집과 그렇지 않은 집이 있는 것이다. 주택시장이 확실히 안정된 셈이다.

지방 거주민들은 수도권과 지방의 집값의 차이를 이해한다. 한편으로는 다른 시장으로 인정한다. 내가 사는 데 불편이 없으면 그만일 수도 있다. "나는 그냥 나름대로 행복하게 살아. 서울 사람은 서울 사람이고"라는 인식처럼 말이다. 그렇지만 지방 사람들도 지역 주택시장의 문제는 물론이고, 최근 수도권의 집값 급등으로 인한 영향에서 자유로울 수는 없다.

언론에서 한참 떠들어대던 '소외감'은 우리시대 주택문제의 한 단면으로 자리 잡았다. 얼굴 한번 본 적 없는 'OO아파트 거주자'에서 느끼는 소외감은 그렇다 쳐도, 좁은 땅덩어리 안에서 친구나 친척 등 가까운 지인들이 겪는 문제는 무심코 흘려들을 수 없기 때문이다.

　가장 큰 문제는 수도권과 지방의 격차에서 발생한다. 무엇이든 수도권에 집중된 사회구조에서 주택이라고 자유로울 수 없다는 것이다. 항상 비교되는 수도권과의 인프라 격차, 언젠가는 내 일터가 될 수도 있는 수도권의 주택시장은 숱한 문제를 양산해내고 있다.

　어느 나라든 지방 간의 격차는 있게 마련이다. 자본주의국가에서 수도권의 경제력 집중은 일견 당연한 일이고, 집값을 무조건 오르지 않게 해달라고 국가에 항변하는 것은 유아적 발상일 수도 있다. 하지만 지방의 경기를 살리고 주거환경을 좀더 쾌적하게 하려는 노력은 분명 필요하다. 주택문제를 단순히 주택으로만 접근해서는 안된다는 말이다.

우리시대 희망찾기

5장

신도시 개발의 희망과 절망

05장

신도시 개발의 희망과 절망

누구를 위한 신도시인가?

한국사회에서 거주지는 거주자의 사회적 지위를 가늠할 수 있는 지표이다. '수도권'과 '비수도권', '강남'과 '강북'은 그 자체가 살아 있는 이미지가 되어 거주자들의 사회경제적 지위를 구획한다. 그중에서 '신도시'는 중산층을 상징하는 사회적 지시어라고 할 수 있다. 잘 정비된 기반시설, 공원과 녹지, 수준 높은 교육환경 등은 신도시의 주거만족도를 높이는 중요한 요소들이다. 그러나 한국사회에서 신도시는 일관된 청사진에 의해 개발되지 않았고 그 과정에서 끊임없이 찬반 양론이 일었다.

참여정부 들어 기존 도시 내에서의 재개발이나 재건축을 강력하게 규제했기 때문에 주택공급은 신도시 개발 방식에 의존할 수밖에 없었다. 재개발과 재건축 등은 급격한 가격상승을 초래할뿐더러 부동산투기의 온상으로 인식되었고, 소유자나 세입자 등 이해 당사자들의 조정이 쉽지 않은 문제도 있다. 반면 신도시는 기존 도시 정비보다는 상대적으로 보상 과정이 용이하고 저비용으로 개발할 수 있다. 그래서 신도시 개발은 대도시 주택부족 문제에 대처하는 효율적인 방법으로 활용되었고, 신도시 거주자들의 주거만족도 역시 높은 수준이다(신정철 외, 1999).

2008년 현재 전국의 주택보급률은 109.9%이지만 수도권은 98.3%, 서울은 93.8%에 불과하고, 수도권 인구집중 현상이 여전하다는 점을 들어 수도권 신도시를 지속적으로 개발해야 한다고 주장하는 이들도 있다. 그러나 막대한 토지보상비가 부동산시장에 유입되어 투기를 초래하고, 소액 보상자나 영세사업자, 세입자들은 생활터전을 잃고 지하셋방을 전전해야 하는 문제점을 지나칠 수 없다. 또 기존 도심지역은 개발·정비하지 않은 채 도시 외곽에 신도시를 개발하는 것은 신구 도시간 불균형을 빚기도 한다. 몇년 전에 불거진 분당이나 일산 등의 분리 요구는 이러한 문제점을 극명하게 보여준다.

그러나 신도시 개발을 둘러싼 찬반 논란이 일고 있지만, 드러난 문제점들을 충분히 논의하거나 대안을 모색하고 있지 않다. 신도시 개발 방식의 공정성이나, 개발이익이 어디로 갈 것인가에 대해서는 비판의 칼날을 벼리지만, 정작 개발지에서 살아가던 사람들의 삶의 문제에는 그만한 관심을 보이지 않는다. 주택공급 확대와 가격안정이라는, 신도시 개발의 편익이 크다고 해서 그 과정에서 희생을 강요받는 사회적 약자의 고통을 간과해서는 안될 것이다.

그동안 우리는 개발을 이상화하고 강력한 중앙집중 메커니즘이 작동하는 사회에서 살아왔다. '성장거점'이야말로 우리가 취할 수 있는 가장 효율적인 전략이라고 믿었다. 그러나 거점지역 성장의 과실을 여타 지역과 고르게 나눌 수 있다고 믿는 사람은 거의 없다. 이제는 균형과 통합이 성장보다 더 중요한 가치로 부각되고 있다. 그러나 균형발전은 수도권과 비수도권의 문제로, 사회통합은 계층간 문제로 단순화해버리고 있는 것은 아닌지 생각해볼 일이다.

신도시 개발 예정지의 보상금은 인근지역 땅값 상승을 초래할 뿐 아니라 영세사업자와 세입자의 이주 등 다양한 문제를 드러내고 있다. 따라서 개발지구 내의 주택·토지 소유자, 세입자, 시행 주체, 감정평가사 등과의 심층면접을 통해 현재의 신도시 개발 현황과 문제점, 그 과정에서 소외되는 계층의 문제를 살펴볼 필요가 있다. 신도시 개발은 중산층에게는 내 집 마련의 기회와 쾌적한 주거지를 제공하는 긍정적 기능을 한다. 반면 법에서 정한 기준에 미치지 못해 보상받을 수 없는 사람들—무허가 건물 거주자나 무허가 건물에서 영업하던 자영업자 등—이나 소액을 보상받는 사람들에게 개발은 곧 삶의 터전을 상실하는 과정이다.

신도시 개발은 필요성이나 적합성뿐 아니라 과정의 합리성도 확보해야 한다. 국토 균형발전이라는 취지 아래 전국에서 혁신도시, 기업도시가 개발되고 있으나, 수도권 신도시 개발 방식이 조금도 개선되지 않은 채 답습된다면 문제를 전국으로 확산시키는 꼴이 될 수밖에 없다. 조상이 물려준 땅 덕분에 수백억원대 보상금을 받는 땅주인, 발빠른 부동산투자로 몇십억을 벌어들인 외지인들 이야기가 화제가 되지만, 영세사업자나 세입자들은 삶의 터전을 잃어버리고

더욱 고단한 일상을 이어가고 있다.[1]

신도시는 꼭 필요한가?

부동산 가격 급등과 신도시 개발

1989년 시작된 1기 신도시[2]는 당시 부동산 가격 급등으로 인한 사회문제 해소가 목적이었다. 1기 신도시는 서울에서 직선거리로 20~25킬로미터 내에 위치했으며, 인구 11만명, 주택 29만 4000세대 규모로 사업 시행사는 한국토지공사(이하 토공)와 대한주택공사(이하 주공)였다. 쾌적한 주거환경과 상대적으로 저렴한 공급가격, 비평준화된 교육환경 등은 양질의 주거를 바라는 중산층의 복합적 욕구를 적극 수용한 결과이며, 이로 인해 1기 신도시 개발은 주택공급 안정에 상당히 기여한 것으로 평가된다.

1기 신도시 건설 이후 신도시 개발에 대해 찬반양론이 팽팽히 맞섰다. 신도시 개발을 통해 양질의 주택 공급을 적극 확대해야 한다는 입장과 수도권 신도시 개발이 국토의 불균형발전을 심화시키는 요인이므로 반대한다는 입장이 첨예하게 대립했다. 참여정부 초기까지는 주택 관련 세제정비 등을 통한 부동산 안정 대책에 주력했고, 공급확대는 그다지 고려하지 않았다고 할 수 있다. 그러나 부동산 가격 급등[3]으로 공급문제가 중요하게 부각하면서 광교·김포·송파·동탄2지구 등의 2기 신도시 개발 계획이 발표되기에 이른다. 정부에서는 수도권에 주택공급을 확대함으로써 주택시장을 안정시킨다는 방침 아래 강북 등의 광역적 재개발, 수도권에 연 900만평의 택지 공급과 연 30만호 주택건설 계획을 수립했다. 2기 신도시 건설도 그 일환으로 추진되고 있다.

지속적인 주택공급을 위해 신도시 건설과 기존 도시의 재개발, 재건축 중 어떤 방식이 더 바람직한가에 대해서는 이견과 논란이 있을 수 있다. 그러나 중요한 것은 어떤 방식이든 개발과정에서 발생하는 문제를 최소화해야 한다는 것이다.

신도시 이미지: '고학력 중산층 거주지'[4]

시중에 떠도는 우스개 중에 '천당 위에 분당'이라는 말이 있다. 신도시 분당의 주거환경이 얼마나 좋은지를 다소 과장해 표현한 것으로, 이는 분당뿐 아니라 대부분의 신도시에도 해당한다. 신도시 거주자 학력은 대졸 이상이 59.5%이고, 가구주 직업은 사무기술직이 43.2%, 자영업이 34.2%이며, 소득은 도시근로자 가계소득 60분위에 해당한다. 신도시 거주자들의 사회경제적 특성은 고학력, 고소득, 화이트칼라로 요약된다.

신도시는 쾌적한 주거환경으로 인해 중산층이 정착하고 있으며, 실제 거주자의 주거만족도 역시 상당히 높다. 일반적으로 주택을 선택할 때 가격과 시설 등의 요인이 가장 큰 영향을 미치지만, 신도시 거주자의 경우 녹지·공원 등의 쾌적성과 교육여건 등을 상대적으로 중요하게 고려한다.

신도시는 서울보다도 더 좋은 것 같아요. 공원이나 학교, 학원, 쇼핑 등 모든 면에서 이만큼 갖춘 곳은 서울에서도 찾기 어려울 거예요. 분당 사람들 사는 모습을 보면 참 여유롭다고 느낄 때가 많아요. 우리는 맞벌이를 하니까 이 정도 살지만 혼자 벌어서 사는 집들도 많을 텐데 어떻게 그렇게 여유롭게 사나 싶을 때가 많아요. 특히 노인들을 보면 그렇게 느낄 때가 많아요. 더군다나 그동안 집값도 많이 올라서 분당 으로 이사 오길 참 잘했다고 생각해요. 분당 아닌 다른 곳에 집을 샀 더라면 이만큼 안 올랐을 거구요. 3년 전 집을 살 때도 많이 올라서 비 싸다고 생각하면서 샀는데, 그때 이 집 사길 잘했죠. 근데 이 집 살 때 정자동 주상복합을 살까도 생각하다 이걸 샀는데 그때 주상복합을 샀 더라면 집값이 더 많이 올랐겠지요. 그래도 같은 신도시라도 평촌은 좀 작은 것 같고 분당이 더 좋은 것 같아요.(황세희, 1면)

중학교 교사인 황세희씨는 대기업 부장으로 근무하는 남편과 초 등학생 아들과 함께 분당에서 10년째 살고 있다. 황세희씨는 주거환 경, 삶의 질, 집값 등 여러 면에서 분당 생활을 만족스러워한다. 교 육환경이 지나치게 경쟁적이라는 점이 부담스러울 때가 있지만, 사 교육이나 쇼핑 등에서 선택의 여지가 많아 큰 불만은 없다.

신도시에는 전철과 내부순환도로 등의 교통망과 공원, 백화점, 대형 유통시설, 병원 등도 잘 갖추어져 있어서 사회기반시설에서는 기존 도시와 비교할 수 없을 정도다. 분당 신도시 주민들은 특히 분 당이 그동안 주택가격 상승을 주도해온 이유로 다른 신도시에 견주 어 더 쾌적하고 편리한 주거환경, 그리고 규모에서 오는 경제성 등 을 꼽는다. 그런데 황세희씨가 말하듯이 분당 거주자의 주거만족도 가 높은 것은 그 때문만은 아니다. 1기 신도시 중에서도 가격 상승 을 선도해왔다는 점도 주요한 원인이다. 즉 주거 자체의 질적 요인 뿐 아니라 교육환경, 이웃 주민들의 수준과 자산가치 등이 복합적으로 작용한 것이다. '고학력 중산층 거주지'라는 신도시 이미지는 이러한 맥락에서 형성된 것이라고 할 수 있다.

신도시 개발의 문제점

신도시 개발과 막대한 보상금

신도시 개발 과정에서 막대한 보상금이 시장에 흘러들었다. 특히 부동산 가격이 급등해 보상금 규모가 절대적으로 증가한 경우, 보상금이 기존 부동산시장에 미치는 영향은 매우 크다. 1990년대초 분당 신도시 개발 당시 평균 수용보상가는 평당 19만 2000원선이었지만, 2000년 이후 판교 신도시 개발에는 보상가가 평당 200~300만원을 웃돌았다(국정홍보처, 실록부동산정책 40년).

전국 7개 신도시 개인 보상비 지급 현황

(단위: 백만원, 명)

사업지구	인원	토지보상금	지장물보상금	총보상금
김포 양촌	2,909	2,141,513	238,948	2,270,461
파주 운정	2,810	1,940,626	146,421	2,087,047
성남 판교	2,556	1,761,258	55,492	1,816,751
대전 서남부	3,241	1,096,276	71,411	1,167,687
화성 동탄	2,747	811,679	125,289	936,968
오산 세교	1,248	691,766	29,671	721,437
아산 배방	1,273	592,731	31,481	624,212
합계	16,784	9,035,849	698,713	9,624,563

자료: 이진구 의원실

토지보상과 관련해 가장 중요한 문제는, 보상금이 부동산시장으로 유입되어 '부동산 가격을 올리는 돈'이 된다는 점인데, 이는 전문 용어로 과잉유동성[5]이라고 한다. 정부에서는 과잉유동성 문제와 부동산시장 불안 요인을 해소하기 위해 보상금 상시감독 체계 구축 등의 안전장치를 검토하고 있다. 또한 부재지주의 경우 1억원 이상 보상금에 대해 채권보상 의무화[6] 또는 현물보상 등의 방법을 보완 책으로 내놓았다.

그러나 이런 대책보다 중요한 것은 장기 계획에 근거해 신도시를 개발해야 하고 부동산투기 대책도 더욱 긴 안목에서 수립해야 한다는 것이다. 참여정부 초기만 해도 2기 신도시 개발은 거의 논의하지 않았고 국민임대주택 100만호 공급, 혁신도시, 기업도시 등의 계획만 검토했다. 혁신도시나 기업도시 등은 지역 균형발전 차원에서 기획된 사업으로 지방에서 추진했고, 수도권 신도시 개발은 논의하지 않았다. 그러다 참여정부 후반 들어 부동산 가격 급등으로 주택공급의 심각성이 지적되면서 수도권 신도시 개발 계획을 검토하기 시작했다. 판교, 동탄1, 김포, 송파, 평택, 양주, 파주, 검단, 광교, 동탄2 지구 등 10개 신도시를 단기간에 검토해 발표했다. 그런데 장기적이고 종합적인 계획을 세워 신도시 개발을 추진하지 않고 집값의 급등에 따라 단기간에 결정해 일시에 많은 물량을 공급했다. 자연히 많은 문제점을 드러낼 수밖에 없었다.

택지개발지구 내의 수용토지 보상가격 수준은 지구별로 천차만별이다. 보상가격은 보상을 위한 감정평가가 착수되는 시점의 해당 지역 공시지가를 토대로 토지 특성, 인근 시세 등을 감안해 결정되는데 사업 지구의 위치, 보상시기 등에 따라 차이가 많이 난다. 판교 신도시의 용도별 평당 보상가는 대지 400만원(공시지가 대비 156% 수준), 전 150만원(230%), 답 130만원(206%) 수준이었다. 임야와 잡종지도 각각 공시지가 대비 200%, 230%에 이르는 높은 수준에서 결정되었다.

이처럼 많은 보상금이 지급되고 있음에도 토지 소유주 입장에서는 불만이 많다. 토지보상 기준은 공시지가[7]이고 통상 공시지가는 시가를 100% 반영하지 못하기 때문이다. 특히 판교와 같이 남단녹지[8]로 지정되어 있었거나 개발제한구역으로 묶여 있던 지역의 공시지가는 시가에 비해 현저히 낮다. 따라서 공시지가보다 높은 수준에서 보상가가 결정되더라도 소유주들은 불만을 품을 수밖에 없다. 조상 때부터 판교에 거주해온 박우진씨는 토지 소유주들에게 보상금을 정할 때 계획했던 분양가에 비해 실제 분양가가 훨씬 더 비싸다는 점에 분노했다. 결국 신도시 개발 사업에서 가장 중요한 토지비용은 그다지 비싸지 않았는데 분양가가 높아진 이유는 토공을 비롯한 시행자나 개발회사가 많은 이익을 가져갔기 때문이라는 것이다.

보상 가격이 제 땅으로 얘기했을 때, 임야는 한 15만원 정도, 대지는 한 100만원, 그리고 그 전답, 전답은 한 50만원, 그거밖에 못 받았어요. 그래서 저희 주민들이 지금 분노한 것은, 개발할 당시의 사업 시행자들은 여기에 아파트를 지어가지고 공급했을 때는 평당 1200만원 선을 분양가로 그때 계획을 잡았던 거죠. 그게 지금 1800만원에 아파트를 분양하고 있거든요. 지가가 요즘 폭등을 해가지고. (박우진, 6~7면)

보상시점 전후로 가격이 급상승할 경우 이런 불만은 더 커진다.

판교의 경우 보상 작업이 끝난[9] 이후 땅값이 급등해 협의에 응한 주민들의 불만이 높았다. 판교지역 토지 소유주이자 개발대책위원회 간부를 지낸 박우진씨는 보상 과정에서 "보상 협의를 빨리 해줘야 사업이 빨리 진행될 수 있다"고 주민들을 설득했다. 지역유지로서 주민들에게 신임받던 박우진씨의 설득은 보상과정에서 상당한 영향을 미쳤다. 그러나 보상 완료 후 부동산 가격이 급등하자 주위 사람들로부터 "왜 빨리 보상을 받게 해서 손해를 보게 만들었느냐"는 원망을 많이 들었다 한다.

판교 개발지역 주민들이 보상가에 불만인 이유는, 개발이 결정될 때까지 각종 규제로 인해 재산권 행사를 자유로이 할 수 없었고, 그 결과 땅값이 오르지 않은 탓에 손해를 봤다고 생각하기 때문이다. 정책상 토지 이용뿐 아니라 살고 있는 주택의 개보수도 엄격히 규제해왔기 때문에 토지 소유주들은 정부를 불신했다. 또한 농민들은 거래가 활발하지 않아 토지를 팔고 싶어도 팔 수 없었기 때문에 빚을 진 경우가 많아 토지보상비에 불만이 클 수밖에 없다.

판교지역은 교통의 중심지로만 개발이 된다. 그래서 인제 뭐, 신도시를 조성한다든가, 뭐 주택을 만드는 이런 거는 더욱 규제를 강화시키고, 교통의 중심지를 만들겠다는 것이 정부의 방침이었습니다. 그때 당시에. 근데 문제는 뭐냐하면은 그 규제를 하는 거는 좋지만, 주민을 위해서, 정부에서 그 지역 안에 있는 토지를 전부 매입을 하든가, 그래서 정부가 임의대로 교통 중심지역으로 개발하는 것은 좋지만은, 우리 민주주의, 자본주의 사회에서 남의 개인 땅을 갖다가 국가에서 장기간 보상 없이 규제한다는 것은 잘못됐다. 또한 이게 거의 30년 동안 규제하다 보니까 어떤 현상이 생기느냐 하면은, 농촌지역에서 사실 농산물 생산을 해봐야 생계유지도 안됩니다. 그런데 자녀들 학자금, 교육비, 또한 자녀들 결혼시킬 때 결혼 비용, 이런 모든 비용을 어떻게 충당을 할 거냐. 이것은 전부 다 금융기관에 재산을 갖다가 담보로 제공해서 그 가계자금을 충당을 했습니다. 이것이 처음에는 뭐, 얼마 금액이 안됐지만은, 이게 몇년이 가면서 기하급수적으로, 그 당시에는 금리가 한 12% 내지 14%였습니다. 이러다 보니까 나중에는 감당할 수 없고, 또한 담보능력이 없고, 담보가 다 찼으니까, 금융기관에서는 이제 강제 경매 처분을 해가지고 조상 대대로 내려오는 정든 고향을 떠나는 이런 사람들이 많이 발생이 됐습니다. 그때 당시에는 저도 금융기관에 있었지만은, 저희 조합에도 이 지역 주민들이 800억 정도 부채를 안고 있었거든요. (…) (보상기준 시기인) 2001년까지 판교 주민들이 그 800억 정도 부채를 가지고 있었지요. (…) 우리가 어떠한 주택에서 살았냐면은, 살고 있는 주택을 보수를 못하게 하니까 인제 벌레가 생기는 거야. 집안에 벌레가.(박우진, 2~3면)

보상금 액수가 불만이지만, 신도시 개발 사업은 토지 소유주들에게는 일시에 목돈을 만져볼 수 있는 기회이다. 대규모 신도시 개발 지역에서 최고가 보상금 기록은 해를 거듭할수록 높아지고 있다.[10] 감정평가 업무를 하는 박진식씨에 따르면 수도권에서는 토지보상금이 10억을 넘는 경우가 대부분이라고 한다. 대다수 사람이 토지보상금을 받으면 다시 토지를 구입하는 경우가 많아 보상금은 결국 '땅값 올리러 다니는 돈'이 되고 있다.

거기(성남시 여수지구) 한 평에 200······ 250만원 정도 될 것 같습니다. 200평이면 4억 정도 (보상금을) 받겠네. (···) 여기는 대지가 많은데, 이 대지가 10억이 다 넘어간다고. (···) 전체가 997필지인데 10억 이상이 200명은 된다고. (···) 채권보상[11]은 5년 내에 하는 건데······ 근데 채권보상을 진작 했어야 돼요. (개발되기) 2~3년 안에 들어와가지고, 그 보상금 받은 그런 사람들은 바로 또 어디 (투자)할 데 찾아가지고 계속 그건 땅값 올리러 다니는 돈이지.(박진식, 4~5면)

2002년 이후 5년간 판교, 화성, 동탄 등 7개 신도시 사업에 10조가 넘는 돈이 보상금으로 풀렸다. 광교 신도시의 경우 택지개발 계획 승인(2005.12.30) 당시 예상한 토지보상비는 3조 7657억원이었으나 실시 계획 승인 신청 때인 2007년 3월에는 이보다 4506억 원이 증가한 4조 2163억원이었다(중앙조인스랜드, 2007. 4. 9). 택지개발 계획 승인 이후 부동산 가격이 상승했기 때문이다.

총보상가 규모는 2003년 이후 지속적으로 증가하고 있으며, 현재 연간 20조원 규모에 이른다. 높은 보상가는 개발 원가를 높이는 요인이 되어 고분양가로 연결된다. 신도시 계획 발표 때마다 정부에서 예상 분양가를 발표하지만 전문가들은 정부의 예상보다 높은 분양가를 전망하곤 한다. 동탄2 신도시의 경우 2007년 당시 정부에서는 평당 800만원의 분양가를 예상한 반면 전문가들을 1200만원을 예상했다. 2009년 LH공사가 발표한 자료에 따르면 민간에 공급한 필지의 땅값에 평균 용적률 175%를 적용하면 택지비가 전용 $85m^2$ 이하(중소형)가 340만원, $85m^2$ 초과 주택은 485만원이 된다. 여기에 분양가상한제에 따른 건축비(가산비용 10% 포함)는 각각 528만원,

549만원이므로 땅값과 건축비를 합친 최종 분양가는 중소형이 800만원, 중대형은 1000만원대로 추산된다. 중대형 분양가는 채권입찰제에 따라 주변 시세의 80%선에서 결정되기 때문에 분양 당시 주변 시세가 오르면 더 올라갈 수 있다.

토지보상금은 어디로?

신도시 개발 지역에 대한 투기적 거래는 검토 계획이 언론에 보도되기 이전 단계에서부터 이미 시작된다. 정부 발표, 지구 지정, 개발계획 수립 등의 단계를 거치면서 가격은 지속적으로 상승한다. 사업 단계를 거치면서 지가가 오르는 까닭은 공급보다 수요가 많아 거래가 활발하게 이루어지기 때문이다. 자본주의 시장경제에서 공급 대비 수요가 많을 때 가격은 오르게 마련이다. 따라서 가격이 오른다는 것은 오른 가격에 구입하려는 수요자가 많다는 얘기다. 감정평가사인 박진식씨에 따르면 개발지역 토지 소유주 가운데 부재지주가 절반은 될 것이라고 한다. 부재지주라 하더라도 토지를 오래전에 구입하여 소유한 경우라면 투기 목적으로 보기는 어렵지만, 개발 계획을 전후하여 토지를 매입했다면 이는 투기성 있는 거래라고 볼 수 있을 것이다. 이에 대한 정확한 정보는 부동산 등기부등본을 떼어보면 알 수 있다고 한다.

(토지를) 언제부터 가지고 있었나? 그거는 등기부등본을 안 떼어보면 모르지. (…) 시행자들은 (부재지주 여부를) 다 알지. 이런 보상지역 들어가면 절반 정도는 부재지주가 될 거야, 아마. (…) 현재 주민등록이 되어 있는지 아닌지 그거는 금방 구분할 수 있는데, 이게 진짜 그

런 목적으로, 투자 목적으로 근래에 사서 들어온 거면은……(다 부재지주다). 이것(부재지주)도 뭐 오래전에 들어온 거면 어느 거든 상관 없지만은, 2~3년 안에 그런 거면 뭐…….(박진식, 22면)

보상가가 최종 확정되어 보상금이 지급되면 토지 소유주들은 대개 인근 지역에 대토를 구하거나 다른 지역에서 부동산을 구입한다. 보상 후 6개월 내에 토지를 취득할 경우에는 비과세 혜택을 주는 점도 대토를 하는 요인이다. 토지 소유주가 개발지역에서 원래 농사를 지었다면 생계를 위해 인근 농지를 매입하는 경우가 많다. 소위 생계형 부동산 매입이다. 판교에서 농사를 짓던 사람들은 보상금을 받아 여주, 이천 등의 농지를 구입한 경우가 많았다. 그러나 투자 목적으로 강남 등의 부동산을 매입하거나 자식을 위해 도시에 아파트를 구입하는 경우도 있다. 시중에 풀린 보상금 흐름에 대한 정확한 자료를 찾기는 어렵다. 다만 인터뷰 자료나 신문기사 등을 통해 추측할 수 있을 뿐이다.

토지보상이 되면 가장 많은 게 인근 지역에 대토[12]를 하는 건데. (…) 판교 보상금 풀리니까 주위의 여주, 이천 땅값이 뛴 것만 봐도 그렇고. 보통 해당 지역 인근은 땅값이 많이 오르니까 그보다는 약간 떨어진 곳으로 가지. 행복도시(행정복합도시)의 경우 보상금 받아서 서울 자식들 집 사주는 경우도 있고 한데. (…) 내가 강남구의 공시가격을 담당하니까, 뭐 지가변동률이나 뭐 이런 걸 하는데, 거기 이제 실거래 된 걸 다 주거든? 우리한테. 그게 인제 개인정보니까 유출시키지 말라고 각서 쓰고 받는데. (…) 지가변동률, 그래서 실제 거래되는 동향을 알아라 이거지. 집값 동향 같은 거 매월 발표하잖아. 집값 동향, 뭐 0.2% 올랐다, 0.3% 올랐다. 아파트 같은 공동주택 같은 건 국민은행에서 하고, 일반 토지는 평가사들이 한다고. (…) 나오지, 그거 대장에 다 나오지. 근데 그것도 강남구 담당하는 사람들 얘기 들어보면 뭐 충남 뭐 이런 쪽에서 매수인들이 많이들 오고 있다고. (…) 천안 아산이나 익산…… 여기도 보상금이 많이 풀린 곳인데, 규모가 큰 아파트가 아니더라도 작은 상가나 오피스텔 등을 사는 경우도 있지요.(박진식, 9면)

실제로 2006년 1~6월까지 주공과 토공의 131개 사업지구에서 보상금을 받은 땅주인 1만 9315명의 1년간 부동산 거래 내역을 조사한 결과 20.6%인 3987명이 부동산을 거래한 것으로 나타났다. 거래 규모는 3조 2525억원으로 같은 기간 보상금의 48.9%이다. 거래자수 비율은 20.6%이지만 보상금액 비율은 48.9%인데, 이는 소액 보상자들보다는 고액 보상자들이 부동산 거래를 많이 했기 때문인 듯하다. 한편 비수도권에서 풀린 보상금은 3조 2058억원으로 이 가운데 2840억원(8.9%)이 수도권에 투자되었다(연합뉴스 07년 3월 9일자).

한편 신도시 토지보상금 중 외지인[13] 보상 비율은 41%로 알려져 있다. 신도시 토지보상금 가운데 외지인들의 몫만은 소유주들의 거주 지역으로 유입된다. 개인보상금 총액 9조 358억원 중 지역 원주민 보상비는 5조 3276억(59.0%), 외지인 보상비는 3조 7083억원(41%)이다(세계일보 2007년 4월 25일자). 보상비 지급자 비율로는 외지인이 49.9%(지급 대상자 1만 6784명 중 8371명)로 절반에 이른다. 보상비를 지급받은 외지인 8371명의 주소지를 시도별로 분석한 결과 서울이 1조 7182억원(19.0%)으로 가장 많았다. 다음으로는 경기 1

조 4731억원(16.3%), 인천 2052억원(2.3%) 등이었다. 서울 등 수도권 거주 외지인에게 풀려나간 토지보상비만도 3조 3966억원으로 전체 보상비의 37.6%에 달한다. 그중 30%인 1조 1199억원이 버블세븐 지역 거주자에게 돌아간 것으로 드러났는데, 이는 총보상금의 12.4%에 이르는 금액이다. 이는 신도시 개발로 인한 보상금이 특정 지역, 특정 계층으로 편중되고 있음을 보여주는 증거이다. 외지인 보상 비율이 높은 이유는 해당 개발지역에서 투기행위가 있었음을 반증한다고 볼 수 있다. 물론 해당 지역에 주민등록을 하지 않았더라도 상속받은 토지이거나 오래전에 매입해 장기 보유한 경우까지 투기 혐의를 두기는 어려운 측면이 있다. 그러나 이를 감안하더라도 보상금 기준 41%, 지급자수 기준 49.9%는 매우 높은 비율이다.

보상절차는 합리적인가?

보상절차의 합리성은 현재 감정평가제도의 문제점과 맞물려 있다. 2003년부터 토지보상에 주민 추천에 의한 평가제도가 도입됨에 따라 토지보상가 결정에 주민들의 영향력이 커지고 있다.[14] 주민 추천에 의한 감정평가 방식은 보상금을 결정하는 데 상당한 영향력을 행사하고 있다고 한다.

주민 추천으로 된 감정평가사들은 (주민들한테) 잘 보여야 되니까, 수시로 (주민들과) 접촉한다고. 시행자가 평가한 거랑, 토지 소유자가 평가한 거랑 차이가 법에서 최대로 110%를 허용하는데, 안 그러면(시행자측 감정평가사가 평가한 것보다 10% 비싸게 평가하지 않으면), 소유자 추천을 받았는데 견디질 못하지, 뭐. 우리랑(시행자 추천에 의한 감정평가사) 똑같이 가면, 뭐 엄청나게 욕먹지. 근데 이런 건 원래 취지는 뭐 소유자들의 그런 것(이해관계)을 반영하기 위해서 하는 거고. 필요하지만 운용하는 과정에서 이제, 문제의 소지는 있지요. (…) 직원수가 적은 지사들은 수주하기 위해서 무리하게 인제, 주민들에게 어필하기 위해서 주민들 입장에서 무조건 많이 받아주겠다, 뭐 이런 거지. (…) 최근엔 대부분 토지 소유자들이 소유자 단체 명의로 평가 법인에 문서를 보내 평가업체 선정에 참여를 요청하는 문서를 발송하는데 예전에·비해 상당히 조직적이죠.(박진식, 17~18면, 20면)

　　보상액을 산정하는 감정평가사는 사업 시행자가 두 명 선정하고 주민이 한 명 추천한다. 이 세 사람이 평가한 액수의 평균이 보상금이다. 주민들에 의한 평가사 추천은 사업 시행자가 일방적으로 평가사를 선정하는 데서 오는 문제점을 해소하고 주민들의 이해관계를 반영하기 위해 만든 제도이다. 그러나 이 제도로 인해 보상가를 올리는 부작용이 생긴다. 주민이 추천한 감정평가사의 경우 주민들의 눈치를 볼 수밖에 없어 상대 평가사보다 보상가를 높게 평가한다. 주민 의사를 반영한다는 취지에서 도입된 주민추천제가 주민과 감정평가사 간 담합 같은 부작용과 높은 보상가 산정 등의 문제점을 드러낸 것이다. 감정평가사들이 주민 추천을 받기 위해 보상가를 높게 받을 수 있다는 분위기를 조성하는 것은 물론 잘못이지만 무조건 높은 금액을 받아야 한다는 주민들의 의식도 문제이다. 더 높은 보상가를 원한다는 점에서 보상가에 관한 한 개발지역 토지 소유자들의 이해관계는 뚜렷이 일치한다.

　　공공 목적의 신도시 개발이 소수 토지 소유주들의 경제적 이해관계에 얽혀 부작용을 낳는 것은 심각한 문제다. 토지보상 결정이 지구별로 큰 편차를 보일 경우 형평성 시비를 낳고, 보상의 신뢰성을 떨어뜨릴 수 있기 때문에 보상가격 산정의 기초가 되는 공시지가를 우선 객관적으로 산정해야 한다. 또, 실제 보상액을 평가하는 감정평가사들의 직업윤리도 필요하다고 하겠다.

보상금에 불만이 있다 하더라도 목돈을 만질 수 있는 토지 소유자들이 신도시 개발 자체에 반대하는 경우는 드물다. 반면, 생계 터전을 잃는 대가에 비해 보상액이 너무 적거나 정당한 보상을 받지 못하는 사람들의 경우 신도시 개발에 반대한다. 토지보상 절차상 토지 소유주가 보상가에 불만이 있어 협의계약이 성사되지 않을 경우 재결 신청[15]이 가능하다. 토지 소유주가 이를 청구하면 사업 시행자가 관할토지수용위원회에 재결을 신청하여 보상금 평가를 다시 하는 것이다. 재결에 들어갈 경우 보통 지가상승률과 이자율을 고려해 보상금을 높인다. 재결 신청은 법(공익사업을 위한 토지 등의 취득 및 보상에 관한 법률)에 정한 토지 소유주의 권리이다.

그러나 토공에서는 재결을 신청한 사람에게는 생활대책용지를 주지 않도록 내규로 정해두었다. 생활대책용지란 택지개발 예정지역 안에서 영업하거나 농사짓던 사람들에게 생활대책 차원에서 제공하는 상가용지 우선 분양권을 말한다. 흔히는 '상가 딱지'라고 하는데, 사업 시행자가 협의보상률을 높이기 위해 사업 시행자 재량(법적인 근거는 없음)으로 6~8평 내외의 규모로 지급하고 있다.[16]

판교 세입자였던 최경자씨는 판교에서 같이 거주하던 사람 중에 재결을 신청했다가 오히려 손해를 본 사례를 얘기해주었다. 판교 세입자대책위 위원장인 김정균씨 역시 사실상 재결 신청을 못하도록 한 토공의 내규가 국민의 권리를 침해하는 것이라고 말한다.

재결자로 해서 올라가신 분을 말씀을 드리면, 이 분은 나무, 조경을 하셨던 분이에요. 나무 심어서 조경해달라고 하면 이쁜 나무 같은 거 심고 그러시는 분인데, 이제 나무 값도 적게 나오고, 나무 이전하는 비용도 그렇고 (…) 보상비가 너무 적게 나왔으니까, 이제 너무 적지 않냐, 그래가지고 재결을 가셨는데 그 재결에서 27만원을 더 받으셨 대요. 재결을 해가지고. 8평이 나와 있었던 거지요. 그런데 그 재결 값 27만원 때문에 상가 딱지가 없어져버린 거지요. 얼마나 억울하고 분합니까. (…) 모르고 하셨죠, 당연히. 아이고, 알고 계셨으면 지금 7000~8000만원 가는 상가 딱지를…….(최경자, 27면)

감정평가사가 불합리하게 감정을 했기 때문에 우리가 이의신청을 해 야겠다 하면 이의신청을 하는 제도가 있어요. 그 이의신청을 하면 사 업을 원활하게 진행시키지 못하게 하기 위해서 방해를 한다 해가지고 그 생활대책용지를 안 줍니다. 이게 토지공사 내규 법이에요. (…) 그 러데 여기가 3개 시행사잖아요, 성남시, 주공, 토공. 토공은 그 법이 있고, 성남시나 주공은 그 법이 없어요. 그런데 토공에서는 전권을 휘 두르는 거예요. 이게 국민의 권리를 침해하는 겁니다. 지금 위원장이 누구냐면 성남시 도시건설위원장을 했어요. 시의원, 이 사람이 위원 장을 했어. 이 사람이 "봐봐, 당신 재결하면 생활대책용지 안 준 다".(라고 설득한 거지요.)(김정균, 1~2면, 14면)

판교의 경우 주민공람 공고일(2001년 7월 17일)이 보상기준일이고 주민들이 실제 보상금을 받은 시기는 2003년말부터 2005년까지였다. 그런데 2003년말 땅값이 급등했지만 보상기준은 2001년이었기 때문에 주민들은 보상가에 불만이 많았다. 따라서 재결 신청하는 사람이 많았는데 그럴 경우 생활대책용지를 포기해야 하므로 많은 갈등이 빚어졌다. 재결을 신청한 사람들에게 생활대책용지를 주지 않는 조치로 주민들간에 반목이 일어나기도 한다. 즉 보상 이후 토지가가 올라서 일찍 보상협의를 마친 사람들은 "재결을 신청한 사람들은 보상비를 더 받았으니 원칙대로 생활대책용지를 주면 안 된다"는 입장인 반면 재결 신청자들은 "재결 신청자에게 생활대책용지를 주지 않는 것 자체가 법적 근거가 없는 것"이라고 주장한다.

재결을 신청할 경우 상가 딱지를 주지 않겠다는 것은 사실상 재결 신청을 금지하는 것과 같다. 통상 수도권에서 상가 딱지가 수천만원에 거래[17]되는 점을 감안할 때, 재결을 신청해서 원래보다 보상금을 더 받으리라는 확신이 없는 한 포기할 수밖에 없다. 법으로 정한 토지 소유주의 정당한 권리를 사업 시행자의 내규로 제한하는 것은 권한남용이라고 할 수 있다.

사업과정에서 시행자가 주민들에게 자세한 정보를 알려주지 않는 것도 문제다. 토지와 지장물을 한꺼번에 보상하면서 보상에 모두 합의한 것으로 간주하는 일괄보상을 실시하는 과정에서 자세한 내용을 모른 채 보상에 합의한 사람들이 생활대책용지를 못 받는 경우가 발생하기도 했다. 최경자씨에 의하면 일괄보상에 대해 정확한 보상 조건을 설명해주지 않은 채 서류만 보여주고 보상에 합의하도록 했다. 보상 대상자가 보상 기준을 정확히 아는 것은 당연한 권리이자 의무지만, 일반 주민들이 서류로 전달되는 정보를 속속들이 이해하긴 어렵다. 사업 시행자들은 주민 눈높이에 맞춰 관련 정보를 정확히 제공해야 할 것이다.

그게 (토지와 지장물을) 묶어서 하면서……. 그게 기준이 있겠지요. 근데 그걸 제대로 안 읽어본 거지요. '이걸로 모든 보상은 다 끝났습니다' 라고 거기에 도장을 찍어버린 거예요. 모르고. 우리가 그 기준들을 다 읽어보고 (해야 하지만) 근데 이걸 깨알같이 써놓으면 우리 못 읽죠. 안 읽죠, 이거. 그리고 솔직히 이거 전문적으로 이런 거 하는 사람이 누가 있겠습니까. 다 없는 사람들이 먹고살려고 꽃도 팔고 먹고 살려고 뭐도 팔고 그랬던 사람들이고. 그런데 그런 분들이 이런 깨알 같은 글씨를……. 도장 딱 찍으면 그만이거든요. 60대 되시고 그러니까. 벌써 그 사람들이 이걸 줄 때 이걸 설명해주고 그래야 하는데, 뭐 그냥…… 딱 찍어주니까. 나이 든 사람이 뭐, 이거 알어?(최경자, 30면)

임대아파트는 세입자를 위한 것인가?

신도시 개발의 명암은 소유자와 세입자들에게 뚜렷하게 나타난다. 신도시 개발로 토지 소유주들은 목돈을 만질 수 있지만 세입자들은 삶의 터전을 상실한다. 신도시 개발 예정지는 대부분 도시 외곽에 있어서 저소득층을 위한 저렴한 주택공급 기능을 수행했고, 세입자들은 적은 돈으로 주거를 마련할 수 있었다. 따라서 개발지역을 떠나면 대부분의 세입자가 수중에 있는 돈으로는 집을 구하기 어렵다.

신도시 개발 지역 세입자들을 위해 공급되는 임대아파트는 세입자들을 다시 유자격 세입자와 무자격 세입자로 가른다. 유자격자만이 입주권을 받을 수 있기 때문에 자격 기준이 매우 중요하다. 유자격 세입자의 기준은 '주민공람 공고일 3개월 이전부터 해당 지역에 주민등록이 되어 있는 세입자'이다. 유자격 세입자에게는 임대아파트 입주권과 이사비용 등이 지급되는 반면, 무자격 세입자에게는 주거이전비와 이사비용만 지급된다.[18]

신도시를 비롯한 대규모 택지개발지구에서는 세입자용 임대아파트가 공급되는데 지역별로 임대아파트 유형에 약간 차이가 있다. 판교지역의 경우는 10년 공공임대아파트[19]가 공급된 반면 주공이 시행하는 아산 신도시의 경우 30년 국민임대아파트가 공급되었다. 같은 신도시 지역임에도 어떤 지역은 10년 후 분양전환되는 공공임대아파트가, 다른 지역은 30년 후에도 분양전환되지 않는 국민임대아파트가 공급된다. 일정 기간 후에 분양으로 전환되는가에 따라 자산가치가 다르기 때문에 세입자 입장에서는 어떤 임대주택을 받는가는 매우 중요한 사항인데도 결정권이 전혀 없다. 단지 사업 시행자가 결정하는 대로 따를 수밖에 없다.

판교지역에는 유자격 세입자에게 주택공사와 민간건설회사의 10년 공공임대주택이 공급되었다. 세입자들은 추첨을 통해 주택공사의 공공임대주택과 민간건설회사의 공공임대주택을 공급받았는데, 이중 어디에 당첨되는가에 따라 희비가 엇갈린다. 임대보증금에 상당한 차이가 나기 때문이다. 판교에서 공급된 10년 공공임대주택의 임대보증금 및 임대료 자료는 다음 표와 같다. 24평 기준으로 주택공사의 공공임대주택은 임대보증금이 5664만원인 반면 민간건설회사의 공공임대주택은 1억 6000~1억 7000만원 수준이다. 월 임대료

판교1차 중소형 공공임대아파트의 보증금, 월 임대료 현황

구분	시공사	평수	주택가격	임대보증금	계약금	월 임대료
주공	대한주택공사	24평		5664만원	1100만원	39.4만원
		32평		1억 4114만원	2800만원	58.2만원
민간	광영토건	24평	1억 7700만원	1억 5900만원	3100만원	35만원
		32평	2억 3900만원	2억 1500만원	4200만원	49만원
	대방건설	24평	1억 9700만원	1억 7700만원	3500만원	42만원
		32평	2억 7400만원	2억 4600만원	4900만원	59만원
	모아건설	24평	1억 9000만원	1억 7100만원	3400만원	41만원
		32평	2억 6900만원	2억 4200만원	4800만원	59만원
	진원이앤씨	24평	1억 9200만원	1억 7200만원	3400만원	42만원
		32평	2억 6300만원	2억 3700만원	4600만원	58만원

자료: 성남시 공문(2007.2.14) 판교임대아파트연합회 자료에서 재인용

는 주공과 민간 모두 40만원 수준이다.

주공과 민간의 임대보증금이 이처럼 차이가 나는 이유는 민간건설회사에서 공급하는 임대주택의 경우 국민주택기금을 지원받지 않았기 때문이다. 공공임대주택의 임대보증금은 규정상 건설원가에서 국민주택기금 지원분을 뺀 금액(임대보증금 상한선)의 90%까지로 제한돼 있다.[20] 임대보증금 상한선을 이처럼 정한 까닭은 임대사업자가 국민주택기금 지원 없이 임대아파트 사업을 하는 경우는 없을 거라고 생각했기 때문이다. 그러나 판교에서 민간건설업체가 공급하는 공공임대주택은 국민주택기금을 지원받지 않았다. 따라서 건설원가 자체가 전액 임대보증금 상한선이 되므로 이의 90%를 적용하면 임대보증금은 높아질 수밖에 없다. 결국 민간 공공임대주택의 임대보증금 및 임대료는 상한선 제한 없이 건설사에 의해 결정

되는 것이다.

공공임대아파트 택지는 전용면적 60m² 이하는 조성원가의 60%, 전용면적 60~85m²의 경우 85% 선에서 업체에 공급되기 때문에 평당 원가가 분양아파트에 비해 250만원 이상 저렴하다. 겉으로만 보면 판교의 공공임대아파트 가격이 3.3m²당 800만원인데, 임대아파트 공급 당시 분양아파트의 예상 가격이 1100만원이었으므로 3.3m²당 300만원 정도 저렴한 것이다. 그리고 최종 분양가가 1200~1800만원에 결정된 것을 감안하면 임대아파트는 상대적으로 더욱 저렴하다. 그러나 입주자 모집 공고시의 집값은 임대주택법 시행규칙에 의거하여 반드시 포함해야 하는 사항일 뿐 분양 전환시 구속력은 없다. 따라서 임대아파트의 입주자 모집 공고 시점의 가격이 저렴하다는 것은 임대아파트를 분양받는 사람들에게는 사실상 아무런 의미가 없다.

임대주택법 시행규칙 개정(2007.3.27)으로 10년 공공임대주택은 분양전환 가격이 감정평가액을 초과할 수 없으며, 5년 공공임대주택은 건설원가와 감정평가 금액을 산술평가한 가액을 분양전환 가격으로 한다(임대주택법 시행규칙 제3조의 3, 별표1). 따라서 10년 공공임대주택의 분양전환 가격 결정시 감정평가 금액을 상한으로 한다는 것은 결국 시세에 근접한 가격으로 분양전환될 수 있다는 뜻이다. 감정평가액은 통상 시세의 90% 수준이기 때문에 이 가격으로 분양받더라도 기존 5년 공공임대주택과 달리 큰 투자 이익을 기대할 수는 없다. 무엇보다 개발 이전부터 판교에서 거주하던 세입자들의 경우 동일한 자격에도 불구하고 어떤 사람은 주공의 공공임대주택을 받고 어떤 사람들은 민간의 공공임대주택을 받음으로써 임대보증금 차이가 세배까지 난다. 이는 중대한 문제다.

민간이 건설한 공공임대주택에 당첨된 세입자들 중 부담 능력이 없는 사람들이 입주권을 포기한 경우도 상당히 많다. 친척에게 명의를 빌려주기도 한다.

민영 대상자는 (임대아파트를) 못 받고 그냥 반납하거나 포기한 사람들이 태반이라고 보거든요. 거의 못 받았다고 봐요. 진짜 원하는 몇사람들이 이렇게 친척들을 위해서 매입을 한 사람들이 허다하고. 받아서도 "그래, 니가 받어", 누나도 잘살고 오빠도 잘사는 뭐 그런 사람들. 나는 못사는데. 그러면 "이름은 니 앞으로 하되" 돈은 대신 내는. 이렇게 이용을 하는 측에서 받은 사람들도 있고. 어차피 자기 것은 아니예요. 동생 앞으로 가든, 사촌오빠 앞으로 가든, 누구 앞으로 가든 그렇죠. 명의만 내 이름으로 돼 있는 거예요. 그러니깐 그런 입장에 있는 사람들이 뭐 90%로 봐도 되지 않을까 싶어요.(최경자, 8면)

판교지역 세입자들은 판교가 개발되기 전에 대부분 보증금 300~400만원에 월 20~30만원의 임대료를 내고 있었다. 이처럼 저렴한 주거비를 부담하던 이들에게 월 임대료 40만원에 관리비를 더한 월 50만원의 주거비는 부담스럽다. 공공임대주택을 포기한 이들에게는 국민임대주택을 신청할 기회가 한 번 더 있다. 그러나 국민임대주택은 분양전환하지 않는 조건이 붙기 때문에 재산 가치는 없다. 공공임대주택을 포기한 사람들에게 국민임대주택 신청 기회를 한 번 더 주는 것에 대해 최경자씨는 다음과 같이 말한다.

판교에 살던 사람들은 단 하루를 살아도 국민임대주택을 받을 자격이 있다고 전 보거든요. 제 생각에는, 제 기준으로는 대한민국 기준이 지금 국민임대주택은 누구나, 어렵거나 힘들거나 진짜 집이 없는 사람들은 누구나 신청해서 받을 수 있다는 거거든요. 저소득층이나 월 소득 150 미만이라든지. (…) 그러면 그런 사람들은 판교에서, 나라에서 돈을 번다고 내보내는 거잖아요. 그럼 국민임대주택을 단 하루를 살았더라도 줘야 한다는 게 제 결론이거든요. 그니까 어디에 가서 살았어도, 판교가 아닌 서울에 살든, 부산에 살든, 국민임대주택 대상자라는 건 제가 기준으로 볼 때 신문이나 TV에서 얘기하는 거 보면 진짜 어려운 사람들, 집을 장만할 수 없는 그런 사람들이 받아야 하는 게 국민임대주택이잖아요. 그러면 여기서도 어려운 사람들, 판교 아닌 다른 사람들도 신청을 해서 해당이 된다면 받을 수 있는 자격이 있잖아요. 특히 판교에 살던 사람들은 진짜 300에 20만원, 300에 30만원, 뭐 이렇게 내고 산 사람들인데, 그런 사람들이 저소득층이 아니고 누가 저소득층이라고 얘기를 하겠냐구요. (…) 진짜 판교에서 공장을 하시는 분들 밑으로 가서 뭐 많은 돈이 아니더라도 일당을 받고, 거기 가서 일을 해서 월급을 받고 이런 분들이 너무 많거든요. 그런데 그 공장들이 다 없어져버렸어요, 그러면 그 사람들이 어디 가서 돈을 벌어요? 다 쫓겨나서 일용직들로 나가고, 일당 받으면서. 그런데 지금 일당이 없잖아요. 다 놀다시피 하고 다 이런 상황이거든요. 그러니까 국민임대주택이라면 누구나 받아야 되는데(받을 수 있어야 하는데), 여기서는 국민임대주택 주겠다고 큰소리 땅땅 치고 뭐 공공임대주택 포기한 사람들 나중에 국민임대주택 주면 되는 거 아니냐. 뭐 이런 식으로 얘기하는데 그 국민임대주택조차도 보증금이 보통이 아니거든

요. 진짜 없는 사람들 보증금 없어서 못 들어갑니다. (최경자, 8~9면)

어떤 지역을 신도시로 개발할 때는 해당 지역 주민의 의사보다는 부동산시장 상황이나 도시개발정책 등을 더 중요하게 고려한다. 특히 소유자나 세입자냐에 따라 이해관계가 크게 달라지는데, 보상금을 받는 소유자들과 달리 세입자들은 타의에 의해 생활 터전을 잃어버리고 이주를 강요당하는 처지에 놓이므로 당연히 신도시 개발 사업에 불만이 많을 수밖에 없다. 게다가 임대보증금이 너무 비싸서 부담 능력이 없으면 공공임대주택을 포기하고 국민임대주택을 신청하는데, 이를 마치 혜택이나 주는 것처럼 말하니 세입자들은 이해할 수 없다는 반응이다. 어차피 저소득층을 위해 공급하는 임대주택이라면 판교지역 신도시 개발과 상관없이 국민임대주택에 입주할 자격이 되는 사람들이기 때문이다.

판교지역은 이제, 워낙 국가적으로 이슈가 돼 있었구요. 분당이라는 것과 매치가 됐었기 때문에. 이게 성남시, 토지공사, 주택공사, 이 세 기관이 들어가고 경기도도 하고 있지요. 좀 특이하게 사업이 진행되었기 때문에 공공임대주택이라는 게 있었구요. 택지사업은 보통 국민임대주택법에 의해 사업을 하기 때문에, 공공임대주택이 없습니다. 다 국민임대주택입니다. (김영호, 3면)

판교처럼 택지개발촉진법에 의해 신도시로 개발되는 지역에서는 국민임대주택과 공공임대주택이 공급되지만, 법적 근거가 다른 국민임대주택특별법으로 개발하는 지역에서는 공공임대주택이 공급되지 않는다. 토지를 수용당하고 생활 터전을 상실한다는 점에서는 차이가 없는데도 단지 개발 근거 법과 규모가 다르다는 이유로 주거 대책에서는 큰 차이를 보인다. 30년간 임대되는 국민임대주택과 달리 공공임대주택은 10년 후 분양전환하기 때문에 분양자에게는 자산의 의미가 있다.

주거이전비와 전세자금 지원

주거이전비는 말 그대로 주거를 이전하는 데 드는 비용을 지원하는 것임에도 이주자 모두에게 지급되는 것은 아니다. 판교 개발 당시에는 임대주택을 받은 세입자, 또는 거주하던 주택이 무허가 건물인 경우에는 주거이전비를 지급받을 수 없었다(이 조항은 2007년 4월 '공익사업을 위한 토지 등의 취득 및 보상에 관한 법률' 시행규칙이 개정되어 무허가 건물에 살았거나 임대주택을 받은 세입자들도 주거이전비를 받을 수 있도록 변경되었다).

이사 비용은 우리가 받았어요. 그런데 주거이전비는 안 받았습니다. 그러면, 진짜 우리가 돈이 없는 게 죄겠지만, 돈이 많은 사람들은 그 돈 몇천만원, 천만원 돈이 없어도 이사 갈 수 있는 거거든요. 처음에 기준이 4인 가족 기준으로 780 정도 됐었어요. 이자도 없고 그냥 주는 거였어요. 그런데 우리 세입자들한테 그거를 엄청나게 선심을 쓰듯이 얘기했거든요. 공공임대주택 안 받으려면 780만원 받아 가라. (…) 주거이전비라는 건 진짜로 줘야 된다고 보면, 세입자들한테 줘야 되지 않을까. 없는 사람들이 다른 동네로 쫓겨나는 거 아니에요? 당장.

이제 우리 위원장님이 하시는 말씀이, 다른 데보다 여기가 조금 낫다고 하는 건 전세자금이라는 게 있었어요. 근데 그 전세자금도 토지공사에서 세입자들한테 특별하게 준 게 아니고, 나라에서 전세자금이 나오지 않았습니까, 저소득층한테? 그러니까 이 국민임대주택을 못 가는 사람들, 진짜 없는 사람들한테 나가는 돈이 전세자금이었어요. 싼 이자로 해서 나갔었어요, 기준으로 뭐 3000만원 이상, 기준을 4000만원으로 해서 그 돈을 여기다 풀어서 토지공사에서 전세자금을 줬다라고 말하는 거예요.(최경자, 10면)

공익사업을 위한 토지 등의 취득 및 보상에 관한 법률 개정으로 주거이전비를 3개월분에서 4개월분으로 늘려 지급하고 임대주택을 공급받은 세입자나 무허가 건물 거주자에게도 주거이전비를 줄 수 있게 되었다. 주거이전비가 4개월분으로 늘어남에 따라 4인 가족 기준 현행 942만원에서 1256만원으로 증가한다. 그러나 주거이전비가 늘어난다 해도 세입자가 이 돈과 돌려받은 전세금으로 살 집을 구하기는 하늘의 별따기다. 특히 신도시 개발 기간에 주거 대책을 마련해주지 않을 경우에는 더욱 심각하다. 사업 주체가 이주를 위한 자금을 저리로 대출해주기도 하나 이 역시 조건과 절차가 까다롭다.

(전세자금 받으려면) 방을 얻기가 힘들어요. 왜 힘드냐면 전세권을 설정해줘야 되고, 대출은 어렵고. 이미 토공이나 성남시나 주공은 재산권을 확보하고 주는 거야. 근데 그거는 주인이 전세권 설정을 허용을 해줘야 하는 거니까. 그런데 집주인들이 그걸 이해해주지 않으려고 하는 거라고.(김정균, 24면)

임시 전세주택에 대한 전세권 설정이나 보증보험 가입만으로 융자를 받을 수 있다고는 하나 집주인이 전세권 설정을 꺼리는 경우가 많다. 또 담보가 많이 설정된 주택도 해당되지 않는다. 적합한 주택을 찾기 어려울 뿐 아니라 집주인의 동의를 받아야 하므로 실제 시장에서 이런 주택을 구하기는 쉽지 않다. 또 사업 시행자가 전세자금 지원을 약속했더라도 국민주택기금에 전세자금으로 배정된 자금이 고갈되면 지원이 곤란하다. 판교의 경우 2006년 상반기에 국민주택기금을 배정받아 가구당 4000만원의 개발 이주자 전세자금[21]을 연 2% 이자로 지원했다. 하지만 자금이 소진되자 지원을 중단했고, 주민들은 컨테이너 박스에 거주하는 사태가 발생하기까지 했다.

사업 기간 중 세입자들의 거주 대책이 없다는 점도 큰 문제이다. 판교지구의 경우 가수용 단지가 제공되지 않았기 때문에 판교를 떠나면서 택할 수 있는 공간은 인근 도시의 지하셋방뿐이었다. 판교에서 작은 섀시 사업을 하던 최경자씨는 판교 개발 기간에, 아이들이 고등학교를 졸업하고 현재는 취업했지만, 생활 근거지인 판교 인근의 분당 수내동에 반지하방을 얻었다.

그러니깐 다 나가서 살지. 특히 인제 아파트는 못 들어가고, 반지하, 지하실서 많이들 살아요. 주로 성남하고 분당 정자동, 수내동이 주택단지예요. 그 주택단지가 뭐냐면 생활대책용지 받아서 지은 집들, 지하실에서 사는 게 90%예요. 분당 개발해서 (이주자 택지) 받은 사람들이 3층으로 집을 지어가지고 사는데, 반지하는 거의 판교 사람들이 살고 있어요. 그니깐 4000만원 전세자금 주니까 인근에 구시가지

4000만원짜리 방이 없잖아요.(김정규, 24면)

지금은 수내동에 있긴 해요. 직장이, 아들이 이 근처에 있어서 교통비
라든가 그런 거 때문에. 뭐, 그 돈이면 조금 더 나은데, 외진 데 가면
낫겠지만, 아시다시피 기름값도 비싸고 보통이 아닌데 그냥 어려워
도, 지하에서 살아도 가까운 데서, 걸어 다닐 수 있는 곳에서 살자, 그
래서 그쪽에 살게 됐어요. 한 사람 앞에 (교통비가) 7~8만원씩 나오고
그러는데. (…) 그러면은 둘이면 벌써 20만원 되고, 그러면 그게 보통
이 아니거든요. 그래서 인제 저희 같은 경우는 교통비 때문에 가까운
데로 왔어요.(최경자, 20면)

최경자씨 사례는 서민을 위한 임대주택이 왜 생활 근거지 가까이
에 있어야 하는지를 분명히 보여준다. 한 달 교통비 7~8만원을 아끼
기 위해 좁고 불편한 반지하 주거를 감수하는 이들에게 월 임대료
수십만 원은 버거운 돈이다.

삶의 터전을 상실하는 사람들: 영세 사업자들
개발사업으로 삶의 터전을 상실하는 사람들은 세입자뿐만이 아
니다. 각종 규제에 묶여 있어 땅값이 싼 판교지구에서 가내공장이
나 카센터, 이발소, 구멍가게를 열어 근근이 생계를 이어온 영세 사
업자들은 200여 가구가 넘는 것으로 알려진다. 그러나 개발지역에
서 생계활동을 하던 사람들도 정당한 보상을 받으려면 시행자가 정
한 여러 조건에 부합해야만 한다. 섀시 일을 하던 최경자씨는 판교
에서 공장을 운영했다는 것을 입증하지 못해 생활대책용지를 받지

172

못했다.

새시하고 유리 하는 거를 했는데 (생활대책용지를) 못 받았어요. 그니
깐 지붕을 제대로 안 씌워놓고 했다고 해서. 천막을 씌우고 이렇게 해
야 하는데 그런 거를 제대로 된 건물에서 안했다고, 그래서 못 주겠
다. 여기서는 제작을 해야 되잖아요? 아까 말씀하신 대로 제작을 해야
만, 문짝을 하나 만들어도, 유리 문짝 자체도 만들어야 하니깐, 조립
을 하려면, 이거 뭐 지금 일본말이지만 피스도 맞춰야 되고, 제작이
일단 문짝이 다 돼서 나오긴 하지만, 다 제작을 하고 했는데. (…) 건
물 안에서 한 게 아니기 때문에 법적으로 인정을 할 수 없대요. 그 집
에 가서 문짝을 달아줘야지, 그렇지 않습니까? 일반적으로 생각하기
에는. 여기서 제작을 해서 가지고 가서 달아줘야 하는 거 아닙니까?
차로 이동을 하면서 했다고 시비를 거는 거예요.(최경자, 15면)

적법 보상 대상자는 기준일과 서류에 의해 결정될 뿐 거주자의
의도나 실제 상황 등은 고려 사항이 못된다. 지역주민들이 보기에
분명 투기 의도로 이주해온 사람들도 법에 정해둔 요건에 맞고 서류
만 완벽하면 보상 대상이 된다. 반면 아무리 오랫동안 지역에서 사
업을 했어도 무허가, 무등록인 경우 영업권 보상의 대상이 되지 않
는다. 생계대책 차원에서 상가 딱지나 이전비 등이 나올 뿐이다. 이
런 경험을 한 주민들은 상당한 불신과 좌절을 느낄 수밖에 없다. 수
익이 될 만한 곳을 찾아 약삭빠르게 이동하는 중산층이 있는 반면,
자신들은 법적 요건에 무지해 보상을 받지 못하는 상황이다. 주민들
은 이를 불합리하고 모순에 가득 찬 사회의 한 단면으로 받아들인

다. 최경자씨는 판교에 거주하던 당시 공람공고일 무렵 근처에 방을 얻어 이사온 교사 부부의 이야기를 들려주었다.

저희 앞집에 빈방이 하나 있었어요. 창고처럼. 그 방 하나를 어떤 분이 개발하기 바로 직전에, 이게 그 기준일 되기 조금 전에, 두 달 전인가 와가지고 그 방을 굳이 달라는 거예요. 그래서 그 방 하나에 우리보다 더 비싸게 세를 얻었어요. 얻어가지고 부엌도 없는 방을 자기가 꾸미고, 방안을 꾸미고, 네 식구가 이사를 오더라구요. 무슨 여고 선생님이었는데, 남자분은 여고 선생님이고, 여자분은 중학교 영어 선생님이시고. 다른 데서도 얼마나 충분히 살 수 있는 분들인데, 그 단칸방을 빌려서, 우리가 세 사는 거보다 더 비싸게 주고 해서 이사를 오더라구요. 그러더니 꾸미더라구요. 그래서 넷이서 저 집에서, 애들도 초등학교, 중학교 막 들어갈 입장이었고, 초등학교 2학년 3학년이었던 거 같아요. 근데 '저거 어떻게 살지? 망했나?' 뭐 이런 생각만 했어요. '안됐다…….' 그런데 와가지고 두 달 조금 넘었나, 세 식구가 가버리더라구요. 그러니까 아빠 혼자 남는 거야. 그 아빠 혼자 거기서 살면서 조금 떨어진 곳에다가 닭을 키운다고 하더라구요. 자기 형수 이름까지 넣어서 상가 두 개를 해가지고. (…) 닭을 키웠든 어쨌든 그렇게 투기 목적으로 해서 상가를 두 개를 받고 나갔어요. 그리고 아파트도 받았어요. 그런 것도 눈에 보이는데, 우리는 그 자리에서…… 난 바보였어요. 난 바보예요, 정말. 그거를 눈으로 보면서도, 나는 여기서 장사를 하면서도, 내 집은 여긴데, 여기다가 놓고 했었거든요. 여기서 실질적으로 먹고 했었거든요. 그 사람은 여기서 그렇게 꾸며서 하는 걸 눈으로 보면서도 난 뭐 '오랫동안 여기서 살면서, 내가 이걸

로 직업을 했었으니깐, 안되랴' 생각하고.(최경자, 14면)

다른 데서도 얼마든지 살 수 있는 번듯한 교사 부부가 이처럼 약삭빠르게 보상 요건을 갖추어 보상금과 분양권 등을 얻어낸 반면 정작 자신은 그런 혜택을 받지 못했다며 최경자씨는 스스로를 바보라고 자책했다. 부도덕한 의도를 갖고 있더라도 법적으로 하자가 없으면 보상을 받았는데, 그 지역에 살던 사람인데도 법적 요건을 갖추지 못했다는 이유로 보상을 받지 못했다. 과연 누구를 위한 법인가를 묻지 않을 수 없다.

이와 비슷한 사례로, 목공 인테리어 공장을 하던 박정화씨는 운영하던 공장에 불이 나고 일부를 자진 철거하지 않아 대집행이 이루어졌다는 이유로 생활대책용지를 못 받았다. 생활대책용지는 생활터전을 상실하는 사람들에게 보상 차원에서 주는 것이다. 그러므로 자진 철거를 하지 않은 행위에 대한 처벌 조치와는 연관지을 문제가 아니다. 원활한 사업 진행을 위한 수단으로 보상대책을 활용하는 것은 옳지 않다.

저희는 이제 공장이 불이 났어요. 불이 나가지고 앞에만 조금 남기고 다 탔어요. 겨울이었는데, 옆에 사람이 불 피우다가, 비닐이니까 금방 타잖아요. 근데 다 탄 거예요. (…) 물건도 싹 타고. 목공이니까. 그런 게 잘 타요, 하우스니까. (…) (토공에서) 그 앞에 공고를 붙였어요. 자진 철거를 하라고. 근데 우리가 솔직히 그거 불이 나가지고 앞에 헐 것도 없어요. 자진 철거를 할 것도 없었어요. 깔아뭉개면 돼요. 그랬는데 그게 사람들 투입을 시켜가지고, 용역을 투입을 시켜가지고 대집행으로 해가지고, 저희가 생계대책이 안 나온 거거든요. 자진 철거를 하라 그랬는데 우리가 순종을 안했다 해가지고 그랬지요. 자진 철거를 했으면 받을 수 있었는데, 강제처분 했다 해가지고. (…) 판교에서 강제철거된 부분은 절대 안 내준다고 못을 박아버렸거든요.(박정화, 25면)

판교는 30년 이상 남단녹지로 묶여 건축이나 공장 설립 등에 제한을 받았다. 당연히 법적으로 허가를 받은 건물에서 공장을 운영하는 경우는 거의 없다. 대부분 터를 임대해 비닐하우스나 가건물을 지어올린 무등록 공장들이다. 판교 택지개발지구 안에 있는 영세 공장 가운데 90% 정도가 가구공장이다. 공장주들은 주민대책위가 영세 공장주 입장을 제대로 반영하지 못한다고 생각하고 주민대책위에서 탈퇴해 판교공장연합회 등을 따로 꾸리기도 했다. 공장의 경우, 거래처와의 거리가 중요하기 때문에 현재 위치에서 멀리 이주할 경우 이동 비용이 많이 발생하는 문제가 있다. 또한 소규모지만 공장이 문을 닫으면 공장주뿐 아니라 종업원과 가족들의 생계까지 위협받는다. 그러나 사업 시행자가 제안하는 대책은 이전비와 생활대책용지뿐이다. 세입자들에게 이주대책이 필요하듯이, 공장주들에게도 생업에 지장을 주지 않는 방안(이주단지를 마련하는 식으로)을 강구할 필요가 있다.

이게 6평짜리가 있고 8평짜리가 있으니까. 근데 8평짜리는 보통 동물들, 가축 키운 사람들이 갖고, 실제 공장 하는 사람들은 나라에 세금을 내고, 생업을 놓고 하는 사람들인데, 그런 사람들은 실제 8평 받은 사람들 없어요. (공장한 사람들은) 거진 6평이에요. 근데 그 사람들도

100% 다 못 받았어요. (…) 여기에서 가건물이라고 해서 안된다는 사람들도 있고, 또 어떤 경우는 평수가 작아서, 너무 커서 안된다. 400평이에요. 가축 키우는 분들은, 뭐 크든 작든 스물두 마리 이상만 되면 무조건 8평이 나왔어요. (…) 닭은 200마리. 그러면 개가 요만하든, 크든 작든 스물두 마리 이상만 되면 8평 기준이 나오는데, 그럼 그렇게 따지면 이 공장 하시는 분들은 어쨌든 지붕이라도 씌워놓고 기계를 갖다놓고 사업을 하지 않았습니까? 사업자등록증도 내고. 근데 이 개 키우시고 닭 키우시는 분들은, 물론 사료도 사다 갖다가 먹이고 그랬겠지만, 그렇게 보면 그분들은 진짜로 무허가예요. (…) 실사할 때 빌려다가도 해요. 그날 한 대여섯 마리가 있었는데, 한 대여섯 마리가 모자라다고 하면 저 집에서 빌려다가 이 집에다 갖다놓고 실사를 받아요. 그럼 다시 갖고가서 그 집도 받는 거야.(최경자, 23면)

　　개발은 이해관계가 복잡하게 얽히기 마련이다. 또 보상을 둘러싸고 이런저런 잡음이 날 수밖에 없다. 제도와 절차만으로 모든 대립과 잡음을 완벽하게 해결할 수는 없겠지만, 국가는 적어도 앞서의 교사 부부 같은 행태는 막아야 할 책임이 있다. 이런 일들이 바로잡히지 않고 반복될 때, 개발은 삶의 질을 높이거나 삶의 터전을 가꾸는 행위가 아니라 '가진 자들이 더 많이 가질 수 있는 기회'로, 우리 사회를 좀먹는 부정의의 징표로 남을 수밖에 없다.

신도시 개발로 인한 삶의 변화

신도시 개발은 평범한 시민을 운동가로 변화시키기도 한다. 인터뷰를 위해 만난 최경자씨와 박정화씨는 생활대책용지를 받지 못해 판교세입자대책위원회에서 활동하고 있었다. 이 조직에는 세입자뿐 아니라 공장주 등의 영세 사업자들도 가입해 있는데, 대부분 생활대책용지를 받지 못한 사람들이다. 판교 세입자인 최경자씨의 경우 오랫동안 주민운동을 해오면서 해당 지역 문제에 상당한 지식을 쌓았고 설득력 있게 세입자들의 주장을 전했다. 세입자대책위에서의 활동 경험이 평범한 주민을 운동가로 변화시키고 있었다. 이들은 서로의 처지에 공감하며 연대했고, 자신들의 문제를 국회나 언론 등에 알렸다. 이 과정에서 신도시 개발을 둘러싼 여러 문제에 대해 전문가 못지않은 식견를 갖추게 되었다.

우리가 섀시를 했다고 했잖아요. 평생 직업은 그거뿐이고, 아이들을 그걸로 해서 키워서 먹고. 지금 스물일곱살이에요, 우리 아들이. 그러면, 개발을 할 때가 우리 아들이 군대 갔을 때였어요. 그러면 우리 기준에서 본다면, 진짜 2~3년이나 3~4년만 더 있었으면. 여기 개발이 아니라도 조금 더 돈을 벌어서 좀더 나은 곳으로 갈 수가 있었던 직장이었거든요. 이놈의 개발이라는 걸로 인해서, 처음엔 모르고 있었어요, 진짜. '개발? 보상 주겠지 뭐.' 보상 바라고 한 건 아니지만, 나갈 곳은 주겠지. 이렇게 생각을 하고, 막 등한시하고 일만 다니고. 아이들 키워야 되니까. 대학교 둘 가르치기 쉽지 않잖아요. 이제 군대 보내고, 또 딸내미 대학교 보내고. 이런 식으로 하다 보니깐 돈은 바닥 난 상탠데, 조금만 더 됐으면 아들도 벌고 딸도 벌고 나도 벌고 신랑도 벌고, 그러면 또 모이기 시작하면 금방이잖아요. 물론 운이 없어서 여기까지 못 벌고 왔겠지만, 그 몇년 사이를 엉망진창을 만들어버린 거예요. (…) (아들이) "엄마 아빠도 이제 그만 하시지요" 그래요. 나는 "억울해서 못한다. 여지껏 내가 해온 거를 포기할 수 없다. 나는 해야 되겠다" 그래서 지금까지 버티고 있는 거 같아요. 그래서 지금 아들하고 갈등도 많아요.(최경자, 13면)

세입자대책위 활동을 하다 보면 가정생활이나 사업에 소홀해지고 이로 인해 생활은 더 어려워진다. 그러나 자신들이 원하는 바를 쟁취하지도 못하고 운동을 그만둘 수는 없으니 어떻게든 결말을 보기 위해 계속 참여한다고 한다. 중간에 문제가 해결되는 사람들도 있지만, 그렇다고 같이 고생하던 사람들을 모른 척할 수 없어 계속 참여하는 사람들도 있었다.

그러나 신도시 개발 지역은 주민의 이해관계가 다양하다 보니 운동이 쉽지 않다. 주민들은 소유자와 세입자로, 세입자들은 다시 유자격 세입자와 무자격 세입자로, 임대아파트를 받은 세입자들은 다시 공공임대를 받은 세입자와 민간임대를 받은 세입자로 나뉜다. 이는 신도시 개발 과정이 이전 공동체를 해체하는 과정임을 적나라하게 보여준다. 기존 공동체는 여러 기준에 의해 가로 세로로 나뉘고, 속한 집단에 따라 주민들의 이해관계 역시 엇갈리게 된다. 이로 인해 주민운동도 매우 다양한 양상을 띤다. 공장주 모임, 세입자 모임, 생활대책용지 못 받은 사람들 모임, 외부 운동조직과 연대를 주장하는 모임, 독자 운동을 주장하는 모임 등 실로 다양한 조직이 만들어져서, 개발지역 철거민들은 하나로 결집하지 못하고 뿔뿔이 흩어질 수밖에 없다.

도시재생 과정에서는 주민참여가 매우 중요한 의제로 떠오르는데, 신도시 개발에서는 주민참여의 당위성이 크게 부각되지 않는다. 도시재생에서는 사회통합이라는 의제를 중요하게 다루지만, 신도시 개발에서는 부동산시장 안정에 얼마나 기여할까, 이 점만 중요하게 고려할 뿐 개발지역 거주민의 삶은 뒷전으로 밀쳐두고 만다. 시민단체들도 신도시 개발 과정에서 얼마나 많은 개발이익이 발생했고 시행자가 얼마나 이익을 취했는가에만 관심을 둘 뿐,[22] 주민들의 삶이 어떻게 변화했는가는 관심 밖이다. 신도시 개발은 누구를 위한 것이며, 어떤 방식으로 개발해야만 주민 삶의 해체를 최소화할 수 있을까를 진지하게 고민해야 한다.

신도시 개발은 막대한 비용이 드는 사업이자 단기간에 주택공급을 증대시키는 방법이다. 거주자들의 높은 주거만족도는 신도시 개발의 긍정적 측면을 잘 보여준다. 그러나 이 과정에서 발생하는 막대한 토지보상금은 주택시장을 교란하는 요인이기도 하다. 참여정부에서 개발이익 환수 제도와 기반시설 부담금 부과 등을 통해 기존 도시의 재건축을 억제하고 신도시를 개발하는 쪽으로 정책방향을 설정한 것은 재건축이 부동산시장을 교란하는 중요한 요소라고 판단했기 때문이다. 그러나 개발비용 측면에서 보면 신도시는 재건축보다 훨씬 더 고비용 사업이고, 신도시 개발을 위한 보상비도 부동산시장을 교란한다는 점에서 동일한 문제점을 안고 있다.

특히 세입자나 영세 사업자 들이 겪는 삶의 변동은 신도시 개발의 문제를 주거권 차원에서 접근해야 할 필요성을 제기한다. 세입자 주거비 지원 현실화는 소극적 대책일 뿐이다. 더 적극적으로 세입자나 영세 사업자 들의 주거와 생활 대책을 마련해주어야 한다. 또한 사업 완료 후에도 해당 지역으로 재입주할 수 있는 기회를 제공하고 임대보증금이나 임대료를 정할 때도 부담 가능성을 고려해야 한다. 신도시는 장기적인 계획을 세워 개발해야 하고, 가급적 기존 주민공동체를 해체하지 않는 방식을 찾아야 한다.

무엇보다 우리가 관심을 기울여야 할 것은 신도시 개발 과정이 한 지역에서 형성되어온 공동체를 해체하고, 주민의 삶을 뿌리째 흔들어놓고 있는 현실이다. 이제까지 도심 재개발 지역이나 외곽 신규 개발지역 할 것 없이 사업이 완료되면 이전 거주자들은 거의 사라지고 중산층이 그 자리를 채웠다. 이 과정에서 이득을 보는 계층에겐 주민들이 겪는 삶의 변동은 사소한 문제처럼 보일지도 모른다. 그러나 사회통합을 고민한다면 기존 주거지뿐만 아니라 도시의 형성, 발전 과정도 진지하게 논의해야 한다. 사회통합이나 양극화 해소가 우리사회가 공감하는 중대한 의제라면 신도시 개발이 양극화를 가속화하는 요인은 아닌지, 통합 공동체를 형성하는 데 또다른 문제점을 초래하는 것은 아닌지 심각하게 검토해야 한다. 그리고 이에 대한 공감대를 형성함으로써 문제를 어떻게 개선해갈 것인지를 논의해야 할 것이다. 시민의 합의와 참여로 도시의 미래상을 그리고, 이의 실현과정에서도 주민과 행정이 협력하는 거버넌스 씨스템을 구축하는 것이 바람직하다.

마지막으로 판교 신도시 개발에 대한 세입자의 다음과 같은 이야기는 우리가 개발을 통해 확보하려는 '삶의 질'이란 과연 무엇인지,

그리고 질 높은 삶은 무엇으로 구성되는지를 생각하게 한다.

> 판교에 살면서, 우리가 물론 여기가 좋아서 살고 있었지만, 고향 같은
> 곳이고, 진짜 살기 좋은 곳이었어요, 여기가. 개발하기 전에 아침에
> 문 열고 나오면 이 공기가 진짜……. 서울 공기, 나 텁텁해서 못 살아
> 요. 정말, "너 줄 테니까 살아라" 그러면 어떻게 살지도 모르겠지만,
> 서울 가서 살라고 하면 안 살아요. 나가기(교통이) 얼마나 편리하고,
> 거기서 일을 하고, 그렇게 산 게 너무너무 행복했었어요. 돈은 없었어
> 도, 돈 300만원에 20만원, 30만원씩 주고 살았었어도 하루 눈 뜨고 나
> 가면 그저 하루 일당 얼마 받아가지고 올 생각으로, 그 기분으로 와서
> 살고. (…) 저희가 여기서 세금 내고, 저희가 여기서 군대를 보내고,
> 나라에서 하라는 건 다 해줬는데, 저희가 왜 나라에 무리를 주고, 기
> 를 죽이고 살아야 하냐구요.(최경자, 31면)

최경자씨는 개발 이전에 누추한 집에서나마 행복했다고 한다. 최
경자씨에게는 누가 뭐래도 그것이야말로 질 높은 삶이었다. 삶의 질
문제는 개발 이후에 매끈한 신도시에 거주할 사람들에게만 중요한
것이 아니다. 신도시 개발 문제를 원주민들의 삶의 질이라는 관점에
서도 바라보아야 한다. 쾌적한 주거지로 개발해 더 많은 중산층에게
양질의 주택을 공급할 수 있다는 이유로 기존 거주자들을 배제·격
리하는 방식을 불가피하다고 합리화할 수는 없다. 우리는 사회통합
관점에서 분양아파트와 임대아파트 간의 사회적 혼합을 중요하게
생각하지만, 신도시 개발 과정에서 법의 보호 범주를 벗어나는 사회
적 약자들에 대해서는 이런 관점을 적용하지 않았다. 신도시 개발의

필요성을 사회적으로 합의한다면, 개발과정에서 발생하는 부작용을 최소화할 수 있는 방법을 함께 찾아내야 한다.

현재의 신도시 정책은 단기간에 수도권의 주택공급을 확대하기 위한 고육책이다. 그러므로 신도시를 통해 주택을 공급하는 것이 바람직한가, 현재처럼 수도권 전지역에 동시다발로 주택을 건설하는 것이 바람직한가 등을 근본적으로 검토해야 한다. 특히 한국은 사회변화의 속도가 매우 빠를 뿐 아니라 고령화도 심화되고 있는데, 고령화로 신도시 쇠퇴 현상이 나타나고 있는 일본의 경험은 시사하는 바가 크다. 장기적으로 바람직한 도시개발을 계획해야 하며, 다음 세대를 위해 국토공간을 효율적이고 미래지향적으로 활용하는 지혜가 필요하다. 주택을 공급해야 한다면 부작용이 가장 적은 방식이 무엇인지 고민해 사회적 합의를 모색해야 한다.

우리시대 희망찾기

6장

뉴타운, 떠나는 자와 남는 자

06장

뉴타운, 떠나는 자와 남는 자

뉴타운이란 이름의 재개발

뉴타운이란 이름의 대단위 재개발은 서울시가 2002년 10월 뉴타운 1차 시범지역을 발표하면서부터 시작되었다. 은평 뉴타운, 길음 뉴타운, 왕십리 뉴타운이 이에 해당한다. 이후 2006년 '도시재정비 촉진을 위한 특별법'이 시행되면서 2기 뉴타운[1]과 3기 뉴타운[2]이 줄줄이 발표되었고, 이에 따라 앞으로 서울시를 넘어 경기도와 지방 대도시로까지 뉴타운 사업이 확산될 것으로 보인다.

우리가 아는 주택 재개발은 일반적으로 개발 규모가 작은 점적 (點的)인 개발이다. 그에 비해 뉴타운 사업은 개발 면적이 주택 재개발보다 열배 이상 큰 대단위 재개발이라고 할 수 있다. 서울시가 내놓은 계획으로 보면 뉴타운 사업은 규모에서뿐만 아니라 그 취지나

기법, 방향 등에서도 기존 재개발과는 구분된다.

역사적으로 볼 때 우리나라 재개발 사업은 당사자인 주민들이 조합을 결성해 민간자본을 끌어들여 개발비용을 충당하는 방식으로 이루어졌다. 따라서 시장 메커니즘에 의한 이윤 추구(자본 차익)가 개발 촉진의 동인이었다.[3] 그렇다보니 원래 그 지역에 살던 주민들의 삶의 질 향상이나 주거안정을 위한 사업이라기보다는 개발로 인한 잉여가 개발지역 밖의 중산층에게 돌아가는 '편익 역진성'이 나타났고, 원주민의 재정착률이 매우 낮았다.

기존 재개발은 도시계획이나 도시관리 측면에서도 많은 문제점을 안고 있었다. 지역 여건을 고려하지 않은 고밀도 개발은 도시 경관을 해치고 공간의 지속가능성에 전반적으로 부정적인 영향을 미쳤다. 대부분 표고 40~70미터 이상의 구릉지에 1000세대 이상의 주택을 20층 이상으로 건축해 도시 기반시설에 부담을 주고 주변지역과의 부조화, 경관 악화, 일조권 문제 등을 불러일으켰다. 또한 재개발로 조성된 단지와 인근 주거지 사이에는 대개 담장이나 옹벽이 설치되는데, 이는 공간을 물리적으로 단절시키고 지역공동체의 일상적 관계성을 훼손했다.

그리고 앞서 언급한, 낮은 원주민 재정착률은 기존 재개발이 안고 있던 사회경제적 문제점을 집약한 현상이라고 할 수 있다. 1996년 한 조사[4]에 따르면 28개 재개발 구역의 재정착률은 약 30.6%로 나타난다. 그러나 이는 아파트가 준공된 뒤 전대하거나 전매한 가구를 제외한 수치이다. 준공 뒤 실제 거주하는 원주민 가구를 기준으로 하면 수치는 이보다 훨씬 낮아진다. 더 살기 좋은 동네로 만든다고 재개발했는데, 정작 원래 살던 사람들은 떠나는 역설이 벌어진 것이다. 가장 큰 원인은 경제적인 부담 때문이다.[5] 가옥주는 추가부담금에 따른 과도한 대출금과 주거비 부담 때문에 차라리 집을 팔고 더 싼 곳으로 이사를 가고, 오래된 동네이기에 전월세 부담이 적어 자리 잡고 살던 세입자들은 이른바 '불량 주거지'를 찾아 떠나야 했다. 그리하여 재개발은 그때까지 존재해온 지역공동체의 와해를 의미했다.

그렇다면 뉴타운 사업은 1960년대 이후의 수많은 재개발 사업과 어떻게 다른 것일까? 뉴타운 사업을 이해하기 위해서는 먼저 뉴타운의 개념을 알 필요가 있다. 뉴타운(newtown)이란 문자 그대로 해석하면 '신도시'라 할 수 있는데, 나라와 학자에 따라 표현을 달리하는 경우도 많다. 예를 들면 new community, new town in-town, regional growth center, satellite town 등이 모두 '신도시' 개념을 포함한다. 표현은 다양하나 어떻게 표현하든 모든 신도시는 크게 두 그룹으로 나누어 설명할 수 있다.[6]

첫번째 부류는 경제적으로나 물리적으로 자족성[7]을 갖춘 신도시로, 사회경제적 속성이 다양한 사람들이 모여 살고 토지 이용 역시 다양하다는 점이 특징이다.

그에 비해 두번째 부류에 속하는 신도시는 경제적으로나 물리적으로 독립 혹은 자족할 수 있는 상태가 아니고, 이미 형성된 기존 도시, 즉 모도시(母都市)에 의존하는 것이 특징이다. 이러한 신도시는 주로 주거 목적으로 조성된 도시들로, 낮 시간대(근무시간) 인구밀도가 낮게 나타난다.

그러면 우리나라에서 현재 진행중인 뉴타운 사업은 어떤 유형으로 분류할 수 있을까? 위에서 구분한 유형 중 두번째 그룹에 속하는

planned unit development(PUD)나 new town in-town과 유사하다고 할 수 있다. 즉 서울 같은 대도시 내에서 낙후된 기능을 향상시키기 위한 도시재생(urban newal) 사업으로, 대규모 구역을 지정하여 재정비하는 방식이다.

서울시의 설명도 이와 크게 다르지 않다. 서울시는 뉴타운 사업을 기존 재개발의 문제점을 극복하기 위해 시행하는 새로운 '기성 시가지 재개발 방식'이라고 설명한다. 종래 민간 주도의 재개발이 도시 기반시설에 대한 충분한 고려 없이 주택 중심으로 추진되어 난개발로 이어진 반면, 뉴타운은 적정 규모의 생활권역을 대상으로 공공부문의 지원 아래 충분한 도시 기반시설을 갖추는 종합 도시계획 사업이라는 것이다.

그렇다면 뉴타운은 과연 서울시의 기대대로 기존 재개발의 문제점을 극복할 수 있을까? 최초의 시범 뉴타운[8]이란 이름으로 시작한 길음 뉴타운이 완료되고 있는 지금, 과연 뉴타운이 강북 주민의 희망이 되고 있는지 들여다볼 필요가 있다.

선의(善意)의 기획, 그리고 이산(離散)

뉴타운 사업을 기획한 이유는 주택으로 인해 계층간, 지역간 삶의 격차[9]가 갈수록 심각해졌기 때문이다. 2003년 이후 우리나라의 집값은 급격히 상승해 심각한 사회문제가 되었다. 주택 자산을 통한 계층간 양극화뿐 아니라 서울·수도권과 지방, 강남과 강북, 재건축 지역과 기타 지역 등으로 지역간 격차도 다양하게 표출되었다.

주택은 시장 기능에만 의존할 경우 주택이라는 제한된 자원의 특성으로 인해 불공평하게 배분될 수밖에 없다. 따라서 지역간, 계층간 갈등이 나타날 수밖에 없다. 시장에만 맡겨두어서는 자원배분의 효율성을 기대하기 어렵다.

정부는 서울 강남과 강북의 주택시장에서 이러한 현상이 심각하게 나타나고 있음을 인식하고, 강남과 강북의 균형발전 차원에서 뉴타운 개발을 고안하게 되었다. 강남지역에 비해 상대적으로 낙후된 강북지역 개발을 통해 지역 격차를 좁히고, 서민들의 주거안정과 배분의 형평성을 도모해야 하는 시대적 요구를 반영한 것이다. 그런 점에서 뉴타운 기획이 나름의 선의를 가지고 있었다는 점을 부인할 수 없다. 그러나 이러한 선의가 목적한 바를 이루고 있는가는 다른 문제이다.

서울시는 뉴타운 사업의 개발 원칙을 다섯 가지로 밝힌 바 있다.[10] 기존 재개발의 문제점을 생각할 때, 특히 눈에 띄는 것은 이른바 사회통합형 개발 원칙이다. 다양한 계층과 세대가 더불어 살 수 있는 커뮤니티, 이웃문화가 살아 숨 쉬는 환경을 만들겠다고 밝히고 있기 때문이다. 사실, 앞서 지적한 것처럼 기존 재개발의 가장 큰 문제점은 개발로 인한 이익이 타지에서 유입된 중산층에게 돌아가고 원주민들은 오히려 주거환경이 열악한 지역으로 내몰리는 점이었다. 그러한 문제의식을 한마디로 표현하면 이렇다. '누구를 위한 개발인가?'

여기에서는 완전히 콘크리트 감옥하고 같은 거에요. 살다 보면. 이웃하고 그렇게 대화도 못하고. (과거에는) 이웃하고, 한 20여 가구가 어디로 같이 여행 다니고 그랬어요. (지금은) 다 흩어졌어요.(…) 삶의 질은, 글쎄요. 쉽게 얘기하면 경쟁의식이 생기죠. 경쟁의식이라고 하는 건 뭐냐면 내가 이 옷이면 되는데 옆집에서 좋은 옷 입으면, 내려가고 올라가면서 다 보게 되고. (…)예전에 주택에서는 그렇게 대단한 싸움이 없었는데 여기서는 서로 경쟁이 되잖아요. 그리고 세입자하고 일반 아파트하고 싸우는 것을 보면 이거는 인간도 아니에요. 임대아파트 사람하고는, 저건 인간도 아니라고 보는 거예요. 웃기는 일이에요. 과거에는 우리도 세를 살았고 다 같았어요. 그래놓고 "세입자는 인간도 아니야" 그렇게 나오면 그건…… 인간 이하의 표현을 하는 건 아니죠. 지금 △△아파트 있잖아요? △△아파트가 이쪽하고 저쪽에 도로 하나를 놓고 서로 못 오게 해요. 또 여기 ○○아파트도 도로가 이미 이렇게 통행하게 되어 있는데 담을 쌓아버렸다고요. (…) 다같이 편안하게 살아가야 하는 거지요. 없다가 있는 거고. 이 길음 지역이 어떤 지역인가 하면 가장 없는 사람들이 와서 죄다 공부시키고, 조금 나아지면 애들 밖으로 나가고, 부모들은 여기에서 같이 살던 사람들이에요. 그런데 언제부턴가 세입자들과는 얘기도 하지 말라고 아이들한테 그러면 그게 무슨 얘기냐고요.(심경석, 14~16면)

심경석씨는 50대 중반 남성으로 1971년부터 길음동에서 살아왔다. 그가 살던 지역은 뉴타운 발표 이전에 이미 재개발이 추진되고 있었는데, 그는 가옥주였음에도 재개발에 반대했다고 한다. 단층 주택이라 이웃 2층 주택에서 내려다보면 집안이 보인다는 것, 도둑이 들 위험이 높다는 것이 걱정이라면 걱정이었으나 부부와 아들 내외, 손주 둘이 살기에 큰 불편이 없었다. 그리고 오래된 이웃들과 어울려 여행도 다니며 사는 생활에 만족했다. 그러나 동네 사람들 다수가 재개발에 찬성하는 분위기라 아내가 찬성 쪽에 도장을 찍어주었다고 한다.

뉴타운 사업은 그의 생활에 큰 변화를 가져왔다. 같이 여행 다니던 정든 이웃들은 집을 팔고 뿔뿔이 흩어졌고, 새 이웃들과는 거의 대화를 나누지 않으며, 다른 집과 비교하며 옷이며 차의 수준에 신경을 써야 한다. 무엇보다 가슴이 아픈 것은 분양주택 입주자들이 임대주택 입주자들을 같은 이웃으로 보지 않고 차별하는 것이다. 이런 현상을 심경석씨는 받아들이기 힘들다. 이제껏 그렇게 살아오지 않았기 때문이다. 그가 기억하는 길음동은 "가장 없는 사람들", 즉 서민들이 옹기종기 모여 살면서 어렵사리 자식들 공부시키고 집주인 세입자 구분 없이 이웃으로 어울려 살던 동네였다. 그런데 길음 뉴타운에서는 아파트와 아파트 사이에 서로 오갈 수 없도록 담이 생겼고, 부모가 자식들에게 임대주택에 사는 아이들과는 어울리지 말라는 이야기를 하는 곳이 되고 말았다.

심경석씨는 객관적으로 뉴타운 사업이 목표로 한, 말하자면 균형 개발로 삶의 질을 높여야 할 '강북 주민'의 평균치에 가장 근접한 사람이라고 볼 수 있다. 추가부담금을 내지 않고 39평형 아파트에 입주했고 자산 가격이 상승했으니 심경석씨 자신도 "덕을 본 사람이라고 할 수 있다"고 말했다. 그러나 "뉴타운 사업으로 삶의 질이 높아졌다고 생각하느냐?"는 질문에는 선뜻 대답하지 못했다. 오히려 전에 없던 "경쟁의식"이며, 흩어진 이웃, 왕래를 거부하는 아파트 단지 간의 담장에 대해 길게 이야기한다. 자산 가격을 기준으로 보면 심경석씨의 삶의 질은 높아졌다고 할 수 있을 것이다. 하지만 그

밖의 모든 것, 특히 이웃과의 어울림이나 관계로 보자면 삶의 질이 오히려 현저히 저하되었다고 할 수 있다. 마음을 나누던 이웃들은 뿔뿔이 흩어졌고, 예전 공동체는 사라지고 말았다.

개발 과정의 갈등

2007년 7월 현재 1, 2, 3차 뉴타운 지구 가운데 실제로 사업이 추진되어 주민이 입주한 지역은 1차 시범 뉴타운에 속한 길음 뉴타운뿐이다. 길음 뉴타운도 1~6구역만 완료했고, 8, 9구역과 '재정비 촉진지구'로 지정되어 추가로 추진되는 곳은 아직 사업이 완료되지 않았다.

길음 뉴타운은 성북구 길음동(1, 2, 3동) 일대이며, 면적은 총 125만㎡(37만 8000평)으로, 재개발구역 10개 구역(지정8, 미지정2)과 재건축구역 3개 구역(완료3)이 포함되어 있다. 사업은 구역별로 주민조합을 구성하여 추진하며, 구역 내 기반시설을 갖추는 예산은 공공부문이 지원하고 있다.

사업 추진 전 길음 뉴타운 지구의 총인구는 3만 5520명, 가구수는 1만 3240가구, 주택수는 7570호였다. 총가구 가운데 세입자 가구수는 정확히 알 수 없으나 전체 가구의 약 50%로 추정되며, 서울시 균형발전촉진본부 담당 공무원의 말에 따르면 이들 가구 중 약 75%가 재입주를 원했다.

사업 계획에 따르면 뉴타운 개발 후 길음 뉴타운에는 총 1만 4100세대의 아파트가 공급되는데 그중 분양주택이 1만 2818세대

(90.9%), 임대주택은 1282세대(9.1%)이다. 개발 전과 비교하면 주택수는 6530호가 더 늘어나나 가구수로 보면 860호가 늘어나는 데 불과하다. 임대주택은 1282세대로 개발 전 재입주 의사를 밝힌 가구와 비교하면 그 수가 매우 적다는 것을 알 수 있다.

뉴타운 개발 과정에는 서울시 균형발전추진본부와 해당 구청, 뉴타운재정비조합, 주민, 이웃 주민, 분양아파트 입주민 등 다양한 주체들이 관여한다. 사업 추진 과정에서는 조합(원)과 지자체, 조합과 조합원, 조합원(가옥주)과 세입자, 조합과 시공사 등 얽히고설킨 관계 속에서 여러 유형의 갈등이 나타난다. 대부분은 경제적 이해관계를 둘러싸고 일어나며, 조합(원)을 중심으로 과도한 부담금에 대한 불만이 형성된다.

심경석씨는 길음 뉴타운 ㅇ구역 조합장이었다. 처음에는 조합장이 아니었으나 조합에서 문제가 일어나 사업 도중에 조합장으로 선출되어 일을 하게 되었다.

주민 편에 서지 않고 어느 소수 편에 서다 보니까 주민들이 반발이 있었어요. 그러면서 제가 다시 조합장으로 선임되면서 공사를, 철거를 시작하게 되었지요. 철거하면서 이사하는데, 대집행이라고 합니다. 강제집행하는 걸요, 대집행하는 수가 전에는 많았었는데 설득을 하면서, 저희가 이익을 내게끔 하면서 반대하던 사람들을 찬성하게 만들었고요. 그렇게 만들면서 이익을 많이 창출했어요. 모든 비용을, 조합 비용을 많이 절감하면서 60여억원을 조합원 쪽으로 돌려줄 수 있었어요. 그러고 나서 28억원 정도는 청산시 입주 조합원에게 돌려드렸고요. 재개발에서 역사상 흔치 않는 일이었고 처음 있는 일이었어요. 그래서 청산하면서 이익금을 돌려주다 보니까, 요 앞에 6구역, 5구역, 4 구역, 2구역이 "길음 ○구역에서는 잘 남겨주었으니까 우리도 하면 좋다" 하게 된 거예요. 그러기 전에는, 저희가 입주하기 전까지는 '재개발하면 망한다' 했어요. 저희들이 그렇게 했을 때 비로소 아파트를 지었을 때 이익이 온다는 것을 실감하게 되었어요. 많이들 돈을 부담하면서도 가져가지는 못했을 거예요, 다른 조합들은.(심경석, 2면)

대부분의 조합은 조합원(주민)과 갈등을 일으킨다. 그 원인은 조합이 조합원을 위해 일을 추진하기보다는 일부 주도세력을 중심으로 시공사 등과의 협상과정에서 조합원에게 불리한 조건으로 사업을 추진하기 때문이다. 또 시공사와 조합간부들이 부정한 돈을 주고 받는 일도 적지 않다. 그러다보니 사업 기간은 늘어지고, 주민 부담금은 그만큼 늘어난다.

길음 뉴타운 ○구역 역시 심경석씨가 조합장이 되기 전에 오랫동안 갈등이 있었다. 그러나 심경석씨가 조합원 입장에서 조합 업무를 해나가면서 원만하게 사업을 추진한 사례라고 할 수 있다. 심경석씨에 따르면 ○구역의 경우 재개발 이야기가 나오기 시작하고 공사가 완료되기까지 13년 정도가 걸렸다. 재개발 조합을 결성할 것인가를 둘러싼 논란이 6~7년, 철거 기간이 약 2년, 그 뒤 공사 완료까지 약 3년이 걸렸다.

조합원과 세입자 간에도 갈등이 일어난다. 그 원인은 관련법상 세입자의 이주비를 조합원이 부담하도록 되어 있기 때문이다.[11]

세입자들은 쉽게 얘기하면 그냥 정상적인 세입자라면 다 해드렸고요,

비정상적인 세입자들, 쉽게 얘기하면 무슨 조합에 관계되어 있는 측근에 있는 사람들이 '내 아들도 세입자다' 이런 식으로 만들어놓는 거거든요. 만들어놓으면 결국 그 비용이 다 조합에서 나가야 할 돈인데 누구 것이겠어요. 조합원 거 아니예요? 결국 조합에서 비용으로 나가는 겁니다. 그래서 실제 다 조사를 시켰어요. A지구에 사는 사람은 B지구에서 조사하고 B지구에 사는 사람은 A지구에서 조사하는 방식으로 크로스체크하니까 다 드러나더라고요. 그래서 실제 간부지만 간부를 찾아가서 '아들하고 아버지 관계는 세입자가 아니지 않느냐'라고 설득했지요.(심경석, 3~4면)

심경석씨가 예로 든 부적격 세입자 문제, 즉 조합간부가 자기 자녀들을 세입자라고 우겨 이주대책비를 받아가려는 등의 문제도 있지만 더 큰 갈등은 사실 이주대책비를 가옥주가 부담해야 하는 데서 빚어진다.

많게는 1000만원, 적게는 500만원을 줘야 하거든요. 그런 거를 정부에서 무슨 '세입자니까 그렇게 줘야 한다'는 것은 잘못된 거거든요. 그러니까 결국 정부가 욕 얻어먹는 게 그거예요. 왜 우리가 세입자한테 그런 비용을 줘야 되느냐?(심경석, 10~11면)

지금까지 세입자의 이주대책비는 조합원이 동등하게 분담하는 구조였다. 조합원 입장에서는 세입자의 이주대책비를 부담하는 자체도 문제지만 세입자 유무에 관계없이 모든 조합원이 동등하게 분담하는 방식에 대한 불만이 높았다. 정부는 2010년초 세입자 대책을 긴급 조명하고 세입자 손실 보상기준을 마련하여 조합원의 여건에 따른 세입자 보상 차등화 방안을 마련하였다. 또한 세입자 보호 대책을 자체적으로 마련하는 구역은 용적률 인센티브를 부여하는 방안도 강구하였다. 정부의 이러한 대책은 세입자의 위장전입을 방지하고 사업비를 줄이는 효과를 가져올 수 있다. 그러나 주민이 세입자 문제를 떠안아야 하는 근본 문제는 해결되지 않았으며, 정부의 역할이 무엇이냐에 대한 의문도 여전히 남는다.

뉴타운, 떠나는 자와 남는 자

뉴타운 개발에서 원주민 재정착을 위한 노력은 매우 중요하다. 원주민이 다시 정착해 안정을 찾는다면 재개발 사업의 주요한 목표 하나를 달성했다고 볼 수 있기 때문이다.

시민 대부분은 여건이 허락한다면 한 곳에서 오래 머물러 살기를 원한다. 그런데 뉴타운 개발은 집주인이든 세입자든 그 지역에 살던 주민의 삶에 커다란 변화를 가져온다. 가옥주 가운데도 일찌감치 집을 처분하고 떠나는 사람, 준공 후 재정착하는 사람, 입주는 했다가 오래 있지 않아 떠나는 사람이 있으며, 세입자 가운데도 이주대책비를 받고 떠나는 사람이 있고, 임대주택에 입주하여 남는 사람이 있다. 그들은 그 변화를 어떻게 느끼고 받아들일까?

일반적으로 재개발 지역의 가옥주는 시공사들이 무이자로 알선해주는 이주비를 받아 개발이 진행되는 동안 인근 지역에 거주지를 구한다. 심경석씨의 경우, 자신이 소유한 다세대주택에서 지내다 공사가 완료된 뒤 재정착했다고 한다.

심경석씨는 관리처분 계획시 자신의 경제적 여건을 상세히 설명해주었다. 뉴타운 개발 전에 살던 주택이 대지가 넓은 편이었기 때문에 추가부담은 없었다고 한다. 그러나 심경석씨 같은 경우는 많지 않다. 특히 최근에는 가옥주라 해도 대개는 추가부담금 때문에 어려움을 겪는 편이다.

〈심경석씨의 사업으로 인한 관리처분 내역〉
- 종전 자산가액(개발 전 토지와 주택가액)
　　　　　대지 65평, 건물 연면적 80평
　　　　　감정평가 금액 : 2억 5800만원
- 종후 자산가격(개발 후 분양받은 새 아파트가액) : 39평, 2억 3400만원
- 추가부담금 : 추가부담금 없이 청산시 2400만원 환급받음
- 종전 자산이 대지 65평임에도 감정평가에 의한 평가액이 매우 낮아
　청산 환급금이 많지 않았다고 생각함

심경석씨에 따르면 길음 뉴타운 ㅇ구역의 재정착률은 2003년 입주시 1125세대 중 약 36~38% 정도였다. 이는 그후에 사업을 추진한 다른 구역과 비교하면 매우 높은 편이라고 한다. 현재 개발이 진행중인 다른 지역은 15% 이하이며, 점점 감소해 10% 이하로 낮아지고 있다고 한다.

그러나 심경석씨가 살고 있는 구역도 입주 후 원주민 대부분이 이사를 가 2007년 현재 거주중인 원주민은 그리 많지 않다고 한다. 대부분 전매하고 다른 지역으로 떠난 것이다.

이처럼 재정착률이 낮은 이유에 대해 심경석씨는 새 아파트 가격

이 급등하는 데 일차 원인이 있다고 말한다. 다시 말해, 새로 들어선 아파트에 들어가기 위해 가옥주가 내야 하는 과도한 추가부담금이 재정착을 어렵게 한다는 말이다.

> 보상은 보통 그렇습니다. 감정사에서 보상가격을 내주는데 정부에서 책자가 나갈 겁니다. 아마 감정사하고요. 감정사가 보통 나온 금액에서 플러스·마이너스를 하기 시작하거든요. 그러면 가령 이 지역에서는 병원이 있는데 거기 하고 저쪽에 무슨 안경점이다 이렇게 해가지고 기준을 잡고서는 거기서 몇미터 거리고 도로가 어떻고 해서 하다 보면 115%~125% 받는 거예요. 그러면 내가 400만원짜리 땅이라면 120%라고 하면 한 500만원 정도 받는 경우인 거예요. (…) 실거래 가격으로는. 그러니까 항상 싸움이 그런 데서 생기는 거예요. (…) 길음 ○○구역은 (재정착률이) 36% 정도 되고 다른 구역은 16%, 12%, 8%로 이렇게 내려갈 것입니다. 지금은 10% 이하로 내려가고 있을 것입니다. 왜냐하면, 자 한번 보십시오. 저희가 1억 6300만원짜리가 지금 2억 4000~2억 7000까지 오르면 1억대에서 1억2000대까지를 더 내야 하거든요. (…) 그런데 공시지가나 이런 거는 그렇게 안 올라갔잖아요? 올라봤어야 한 10~20% 올랐으리라고 보는 거예요. 그러면 300만원짜리가 20% 오르면 60만원 더 오른 거거든요. 그런 정도 올랐는데 이거는 추가부담이 얼마나 늘었냐고요?(심경석, 9면)

기존 주택 가격의 평가액은 시세에 비해 감정가가 낮은데 새 아파트 가격은 급등하니 결국 추가부담금이 1억 이상이나 되고, 그것을 감당할 수 없는 가옥주들은 떠날 수밖에 없다. 2003년 이후 집값이 급등하면서 이런 현상은 더욱 심화되고 있는 형편이다. 결국 가옥주가 추가부담금을 감당할 능력이 있는 경우에는 재정착을 하고, 그렇지 못한 경우에는 중도에 아파트를 팔고 나가는 경우가 많다. 뉴타운 사업이 주민들의 경제적 여건을 고려하지 않고 대형화, 상업화되는 과정에서 나타나는 필연적인 현상이라고 할 수 있다.

그렇다고는 해도 가옥주들은 적어도 경제적 편익이라는 측면에서는 뉴타운 개발의 혜택을 누린다고 할 수 있다.

> 입주 시점에서 집을 팔고 나간 사람은 이익을 봤어요. 입주 시점에서는 두배로 뛰었거든요. 그러면 1억 6000만원이 3억 2000만원을 받았으니까 대단히 많은 이익을 본 것이지요. 그 당시에는 대단한 것이었어요. 지금은 별게 아니지만. 그때 4년 전에는 엄청난 돈이였거든요. 그걸로 봐서는 팔고 나가면 주택 하나 사고도 배 정도 남았을 정도였으니까.(심경석, 7면)

길음 뉴타운 앞에서 부동산중개업을 하는 구준호씨는 "뉴타운이 강북주민에게 주는 가장 큰 공헌은 부의 상승에 기여하는 것"이라고 평가했다. 그리고 앞으로는 재정착률이 더 높아질 거라고 예측했다. 예전에는 집값이 오르니까 좋아서 무작정 팔고 갔지만 서울 시내 집값이 이제는 오를 대로 다 올라서 딴 데 가도 그 돈으로 정착하기는 힘들게 되었기 때문이라는 얘기다.

> 전에 평당 300~500만원, 그 정도 금액으로 자기 집을 평가를 받고 있다가 이제 어느 날 갑자기 700~800만원, 또는 1000만원으로. (…) 갈

수록 뒤에 가면 아파트 값이 올라간다는 것을 알면서도 본인이 생각하는 내 집은 평당 500만원이라고 생각했는데 800만원, 1000만원을 준다고 그러니까 바로 계약을 하고 팔고 나가는 거거든요. (…) 제가 볼 때는 정착률은 조금씩 올라간다고 봐요. 왜냐하면 추가부담금 부분에 대해서 50%까지는 융자를 해주고 있거든요. 과거에는 아파트가 싫어서, 추가부담금에 대한 그런 게 싫어서 많이 떠났는데 최근에는 서울시내 어디를 가도 오를 만큼 올라버렸어요. 그러니까 그걸 팔아서 다른 데 가서 정착을 하기에는 이미 가격이 올라버렸어요. 그렇기 때문에 정착률이 지금은 20%가 안되지만 차츰 올라갈 거라고 생각해요. (구준호, 1~3면)

가옥주가 주거를 옮기는 가장 큰 요인은 무엇보다 경제적인 문제이다. 이는 세입자들의 경우도 다르지 않다. 동네에서 오래 살아 이웃의 형편을 자세히 알고 있는 심경석씨에게 세입자들이 정착하지 못하고 떠나는 이유를 물었더니 이렇게 답했다.

임대주택으로 나가는 경우에는 이주비나 이런 걸 안 받는 사람에 한해서 나가는데 결국 9평짜리 가서 18만원 내거든요. 전기세다 뭐다 내면서 또 사용료, 세입금까지 내면요. 지금은 얼마인지 모르겠지만 그때 당시에 18만원 정도, 전기 많이 쓰거나 가스 많이 쓰면 더 나가겠지만, 그 정도 하는 건데. 그렇게 하면 결국 세(관리비)로 녹아날 수밖에 없잖아요? 그래서 정부에서는 세입자 주택을 많이 늘리겠다고 하는데 그런 식으로 늘려서도 안되고 또 평수가 작으니까 식구가 많은 사람들은 못 가잖아요. (…) 형평 원칙에 어긋나지 않는 그런 세입자 대책을 세워주어야 한다는 거죠. 내몰린다고 하는 그런 표현도 되지만 어쩔 수 없이 내쫓기는데 너무 부담률이 많은 거예요. 세입자들은. 그래서 임대아파트 가는 거는 조금 세금을 줄이면서라도 임대아파트에 많이 올 수 있도록 그렇게 해줘야죠. 정부에 앉아 있는 사람들은 봉급 받으면 잘되니까 금액만 쑥쑥 올리면 되는 걸로 그렇게 하지만 그런 건 아니잖아요. 그 사람들한테는 이익을 남기거나 이래서는 안되고, 그분들이 잘살 수 있도록, 그래서 또 발전해갈 수 있도록 그렇게 해나가는 거.(심경석, 11~12면)

심경석씨는 임대아파트에 입주하려면 이주대책비를 받지 못하고, 입주 이후 임대료나 관리비가 부담이 되며, 현실적으로 면적이 너무 좁다는 주거복지 문제도 지적한다. 그런 식이라면 세입자 주택을 많이 늘려도 실질적으로 별 도움이 안될 것이므로, 임대주택의 경우 정부의 더 적극적인 지원이 필요하다고 느낀다. 그와 함께 단지 내 일반 아파트 주민과의 갈등이나 임대아파트 거주자에 대한 사회적 편견을 지적하는 목소리도 있다.

영구임대아파트가 들어가는 입구가 틀려요. 그 틀린 것이 서로가 서로를 위해서 좋다고 봐요. 잘못하면 또 오해를 하는데, 그게 무슨 얘기냐. 군대에서 하사관 부인이 장교 부인과 같은 집을 안 쓰려고 하잖아요. 그것이 서로가 편한 거라고 생각을 해요. 그래서 들어가는 입구가 틀려요. 그래가지고 일례로 여기 동부 같은 경우는 티브이에 나오고 그랬었어요. 싸우고 막. (⋯) 그런데 전에는 어떤 경우라도 영구임대아파트에 들어가려고 했는데 지금은 꼭 선호한다 그렇게 보지는 않아요. 그래서 이주비하고 이사비용을 주면 많이 자기들이 떠나요. 여기에서 정착을 못하는 사람들이나 정착을 안한 사람들이 이제 경기도권 서울을 벗어난 곳으로 가죠. 그런데 여기서 떠난 사람들이 서울에서 서울로 못 옮겨요. 이제는. 거기도 올라버렸어요."(구준호, 4~5면)

좁고 관리비도 많이 나오는데 이웃들한테 무시까지 당하며 사느니 차라리 형편에 맞는 다른 지역으로 떠나는 게 속이 편하다고 생각하는 세입자들이 적지 않다고 구준호씨는 말한다. 어쨌든 재정착을 못한 세입자들은 구준호씨가 지적한 대로 형편에 맞는 곳, 이른바 '불량 주거지'를 찾아 서울 외곽, 혹은 서울 밖으로 뿔뿔이 흩어진다.

뉴타운 세입자들의 삶

김재호씨는 길음 뉴타운 지역에서 28년을 살다 SH공사에서 공급한 임대아파트에 입주했다. 올해 쉰여덟살로 아내와 둘이 살고 있으며, 6년 전에 간암 말기 판정을 받은 환자이다. 현재 살고 있는 임대아파트에는 1년 전에 이사를 왔다. 그전에는 지금 개발하고 있는 길음7구역에서 줄곧 살았다. 뉴타운 개발이 시작되기 전에는 전세보증금 1200만원에 방 한개와 부엌이 있는 33㎡(10평) 정도의 판자집에서 아들과 딸을 키우며 살았다고 한다.

2006년 길음7구역의 이주와 철거 작업이 시작되었고, 이주대책비를 받고 다른 지역으로 이사를 갈지 아니면 임대아파트에 입주할지를 고민하다가 결국 임대아파트에 입주하기로 마음먹었다고 한다. 길음7구역 철거작업이 개시될 때 이미 길음 뉴타운 내 임대아파트는 완공돼 있었는데, 입주자가 모자라 이른바 '잔여세대' 케이스로 입주하게 되었다.

김재호씨는 현재 3600만원짜리 전세에 살고 있다. 보증금 1200이나 2000만원에 다달이 월세를 내는 집들이 있지만 김재호씨는 월세 부담 때문에 전세 3600만원을 선택했다. 이사오기 전 살던 집의 보증금이 1200만원이었다. 차액 2400만원을 구해야 했는데 그동안 모아둔 돈과 자녀들이 보태주어 마련했다. 은행 대출은 엄두도 못 냈다. 임대아파트에 입주한 뒤로도 김재호씨의 삶은 여전히 고달프다. 그는 간암 말기 환자라서 경제활동을 못한다. 그의 부인이 한 달에 50~60만원 벌어 근근히 살아간다. 그러다보니 겨울에는 20만원 정도, 여름에는 12만원 정도 나오는 관리비도 부담이 된다.

마누라가 일을 하지. 병원비가 많이 들어 아무래도 어려움이 있어요. (…) 나가 벌어봐야 50~60만원밖에 더 벌것소? 그런데다 관리비 20만원 빼면 얼마야? 한 20만원은 고정적으로 나가고 나머지 30만원밖에 안되지. 겨우 먹고살지. 여름은 여름대로 나가고. 살기가 곤란한 거지. 안 아팠을 때는 괜찮았는데 지금은 어려워요. 그때는 몸이 아프지 않았으니까. 자식들도 자기들 벌어먹고 살아야 하니까…….(김재호, 5~6면)

요즘 김재호씨에게 가장 부담스러운 것은 병원비다. 의료보험 혜택을 받지만 병원비는 카드로 결제한다. 사채도 1000만원이나 빌렸는데, 이자만 갚고 있는 상태이다.

> 지금은 병원에 한 달에 한번 갈 때도 있고, 두 달에 한번 갈 때도 있고 상태가 좋으면 석 달에 한번 가고. 얼마가 들어간다고 말할 수 없지. 병에 따라서, 병이 상황이 나빠지면 100만원, 200만원 더 들지. (…) 카드로 해가지고 그러잖아. 목돈이 없으니까. 그래가지고 열흘에 20만원 깎는다든가, 20일 동안 30만원 깎는다든가, 두번 세번 나누어서 깎는 거지. 그러니까 빚이 되는 거지. (…) 전에 이사오기 전에는, 작년 11월 전에는 저기가 없었잖아요. 임대[관리비] 들어갈 게. 은행 대출해도 갚을 능력이 없으니까. 사채이자는 한 20%, 사채들이 원래 40%까지. 20%는 싼 거지요. 최고로 싼 거지요. 매월 이자만 주고 있어요. (김재호, 6~8면)

김재호씨와는 달리 장미영씨는 아직 이주와 철거가 시작되지 않은 왕십리 뉴타운에 거주하는 세입자이다. 왕십리 뉴타운은 시범 뉴타운이지만 길음 뉴타운보다 늦게 추진되고 있어 이주와 철거를 시시할 예정이다. 장미영씨는 이곳에서 7년을 살았으며 임대아파트를 신청해 들어가기로 했다고 한다. 장미영씨는 뉴타운 사업으로 인한 삶의 변화에 크게 걱정하지 않는 낙천적인 모습을 보였다. 좁은 집에서 여러 식구가 살고, 철거가 시작되면 이사를 가야 할 뿐 아니라 남편 직장도 옮겨야 하지만 현재 생활과 달라질 게 없다고 생각한다.

> 전세로 살았어요. 이곳에서나 같았어요. 지금처럼 3500만원 전세로

살았어요. 거기가 더 넓었어요. 내부에 화장실 겸 세면장이 있었고, 지금보다 더 넓었어요. (…) 계약기간이 끝났고, 남편 직장 문제로 인해서 이곳에 왔어요. (…) 뉴타운이 완료되면 남편 직장인 중화요리도 뉴타운으로 인해 철거될 거예요. 그러면 직장을 옮겨야 해요. 이제 또 중화요리 집에 일자리를 알아봐야 해요. 애기 아빠 친구분이 중화요리 하니까 또 다른 데 소개시켜줄 것이라서 걱정하지 않아요. (…) 월소득 200만원 정도예요. (…) 월 90~100만원 저축해요.(장미영, 1~3면)

장미영씨가 사는 집은 작은 방 두개에 거실 겸 부엌이 딸린 14평 정도의 허름한 전셋집이다. 전세보증금은 3500만원이었다. 집안은 낮인데도 매우 어두웠고, 화장실과 세면장이 집 밖에 있어 불편해 보였다. 가족은 모두 여섯명으로 열두살, 열한살, 여덟살, 네살 난 자녀 넷을 두고 있다. 아이들이 많지만 아직 어려서 양육비가 많이 들지는 않는다고 한다. 셋째 아이만 학교에서 방과후 프로그램에 참여하고 다른 아이들은 학원에도 보내지 못하고 있다. 남편은 최근 직장을 얻어 중화요리집에서 일한다. 이전에는 다리를 다쳐 일을 하지 못했다고 한다. 남편이 일하는 중화요리집도 뉴타운 사업으로 철거될 판이라 곧 다른 중화요리집에 일자리를 구할 예정이다. 남편과는 열일곱살에 만났으며, 2001년에 결혼해 계속 여기서 살았다. 좁고 불편하지만 전세금 등 주거문제로 고통받지는 않았다. 그나마 가난한 사람들이 살기에 맞춤한 곳이기 때문이다.

장차 입주할 임대아파트 보증금은 이 집 보증금이면 충분하리라 생각하고 모자라면 저축한 돈으로 메울 생각이다. 철거[12]가 시작되면 아이들 학교 주변으로 이사할 예정이라고 한다. 아이들 학교 때문에 다른 곳으로 이사 가기는 어렵다. 전세가격이 지금보다 올라갈 거라고 생각하지만 돈에 맞추어 집을 알아볼 계획이다. 장미영씨는 뉴타운 임대주택에 살면서 돈을 모아 작은 아파트나 다세대주택을 마련하는 게 꿈이다.

원주민 재정착률

길음 뉴타운의 원주민 재정착률은 얼마나 될까? 인터뷰한 길음 뉴타운 주민들은 하나같이 시간이 갈수록 재정착률이 낮아진다고 이야기한다. 실제 통계자료를 얻기는 쉽지 않았으나 최근 서울시 사례조사 자료를 통해 흐름을 확인할 수 있었다. 서울시 균형발전촉진 본부는 해당 구청과 동사무소의 도움을 받아 어렵사리 조사를 실시했다. 길음 뉴타운 지역은 1~6구역이 완료되었고 7~9구역이 진행중이기 때문에 전구역 재정착 현황을 조사할 수는 없었으며, 여기서는 일부 구역의 자료를 소개한다.

길음2구역은 입주 후 실제로 거주하지 않고 전세를 준 가구를 포함해 26.8%가 재정착했고, 길음4구역은 24.4%, 길음5구역은 22.6%가 재정착한 것으로 나타난다.

길음6구역을 통해 재정착 특성을 더 자세히 살펴보면 사업 추진 과정에서 전매자가 계속 발생해 준공 이후 순수 재정착 가구는 1064세대 중 197세대로 18.5%에 불과하며, 전세를 주고 타 지역에 거주하는 가구를 포함할 경우 31.3%가 재정착한 것으로 나타난다.

길음2구역 사례를 통해 세입자의 재정착률을 살펴보면 사업 전

원주민 재정착률(가옥주)

	사업 전(세대)	원주민 재정착(세대)	재정착률(%)
길음2구역	1120	1120	26.8
길음4구역	947	947	24.4
길음5구역	318	318	22.6

※입주후 전대자 포함
자료: 서울시

원거주민 재정착률(가옥주)

	사업전(세대)	원주민 재정착(세대)		재정착률(%)	
길음6구역	1064	계속 거주	197	계속 거주	18.5
		전대자	136	(전대자 포함)	31.3
		전매자	731		

자료: 서울시

세입자 재정착률

	사업 전(세대)	원주민 재정착(세대)		재정착률(%)
길음2구역	1359	입주 신청	198	14.5(198/1359)
		주거대책비	640	23.6(198/838)*
		부적격 판정	521	

* 부적격 판정 가구 제외시
자료: 서울시

총1359가구 중 임대아파트 입주 신청 198세대, 주거대책비 신청 가구 640세대, 부적격 판정 가구 521세대이다. 재정착률은 부적격 판정 가구를 제외할 경우 23.6%로 나타난다.

위 자료는 준공 시점의 재정착률로, 입주 후 시간이 지날수록 재정착 가구는 감소한다. 실제 거주 가구는 10%대라고 볼 수 있다.

이렇듯 사회경제적인 측면에서 뉴타운 사업은 원주민 주거안정을 달성했다고 하기 어렵고, 지역공동체 붕괴와 저소득층 빈곤의 악순환 등을 가져왔음을 알 수 있다. 경제적 부담으로 재정착률이 낮은데, 이는 세입자의 경우 전월세와 관리비 등 주거비 부담 증가가 주요 원인이며, 가옥주의 경우 주거비와 과도한 대출금으로 인한 경제적 부담 증가로 실거주가 불가능한 실정이다.

기존 연구자료에 따르면 재개발 전과 비교해 이웃과의 유대관계와 지역에 대한 애착심, 지역의 전통과 문화 유지 등에서 전반적으로 나빠졌다는 인식을 강하게 보인다. 가옥주는 이웃과의 유대관계와 지역에 대한 애착심에 관해 세입자보다 더 큰 관심을 가지고 있는 것으로 나타난다. 재개발지구 주민들은 지역공동체 와해로 인한 무력감이나 절망감을 느끼는데, 심할 경우 개인이나 집단을 패배주의적 비관론으로 몰아갈 수도 있다. 이러한 무력감, 경제적 압박감, 재개발로 인한 사회문화적 특성의 변화는 유의미한 상관관계를 보이는데, 이는 재개발로 인한 심리적 갈등의 종합적인 표현으로 볼 수 있다.[13] 앞서 인용한, 이웃과의 관계가 단절된 데 대한 심경석씨의 심경은 이를 잘 보여준다.

길음 뉴타운 재정착률은 구역에 따라 차이는 있으나 평균 20~30% 수준을 밑돌고 있으며, 이러한 수치도 입주 후 해가 지날수록 낮아지고 있다. 결국 개발을 통해 지역의 주거환경이 개선되고 지가가 오르면 덕을 보는 계층은 대부분 타지에서 이주해온 중산층이며, 원주민들은 집값 및 주거비를 부담하기 어려워 사업과정에서 전매하거나 사업 완료 후 전대하고 다른 지역이나 새로운 불량 주거지로 옮겨간다. 또한 재정착한 가구도 일부 가구를 제외하고는 비싼 집값과 주거비 부담 증가로 지속적인 경제적 불안정 상태에 빠진다. 이러한 현상은 재개발 지역 주민의 경제적, 사회적 한계성에 따라 나타나는 것으로, 주거 빈곤의 악순환 과정으로 설명할 수 있다(김형국·하성규, 1998, 하성규·김태섭, 2003).

재개발 사업은 특히 빈곤층에 주거 압박과 불안을 가중시키는 결과를 낳는데, 재개발 사업으로 인한 주거불안은 가구별 경제적 특성에 따라 다섯 가지 형태로 분류할 수 있다. 이러한 특성은 뉴타운 지역에서도 동일하게 나타난다. 이 가운데 A, B, C유형이 더욱 불안한 주거상태라고 할 수 있다. 이들 유형은 수평적이고 하향적인 주거이동 양상을 보이며 주거빈곤 악순환의 전형적인 예이다. B유형은 주거빈곤의 하향적 악순환의 전형이며, A·C유형은 수평적 또는 하향적 이동에 해당한다. 이들은 재개발로 인해 타지역으로 이주해야 하는데, 정착과 적응, 주거불안의 연속 등 주거의 물리적 안정과 사회문화적 안정에서 모두 어려움을 겪는다.

A유형: 주택 재개발지구 가옥주→철거(입주권 전매)→타지역 불량 주거지 등으로 이주

B유형: 주택 재개발지구 세입자→철거→비닐하우스 등에 임시 거주

C유형: 주택 재개발지구 가옥주/세입자→철거→저소득층 주거지의 단칸방, 지하셋방 등으로 이주

D유형: 주택 재개발지구 세입자→철거반대→장기간 주거불안 상태 지속→공공임대주택 입주권 확보

E유형: 주택 재개발지구 가옥주/세입자→철거→재개발아파트

에 자가나 임차로 입주 또는 타지역(정상적 주거지역)으로 이주하여 정착

재정착한 가옥주와 세입자 가구는 D유형과 E유형에 해당하며 D유형은 일부 세입자들이 공공임대주택에 입주해 어느 정도 주거불안을 해소하는 경우이다. E유형은 가장 바람직한 형태로, 재개발지구 아파트에 재입주하거나 정상 주거지에 입주하는 경우이다. 그러나 D유형과 E유형 가구도 물리적 주거수준은 향상되었다 하더라도 주택배분의 형평성과 경제적 불안, 갈등 등에서 벗어나 실질적인 주거안정을 누리지는 못하는 것으로 연구를 통해 확인할 수 있다(하성규·김태섭 2001). 길음 뉴타운에서는 임대주택 입주자 김재호씨가 D유형에, 재정착 가옥주 심경석씨가 E유형에 해당한다고 할 수 있다. A,B,C 유형은 사실상 주거이동을 추적하기 어려워 인터뷰하기 쉽지 않았다.

뉴타운 사람들의 뉴타운 평가

서울시는 뉴타운 사업의 목적을 다섯 가지라고 밝힌다. 지역간 격차(특히 강남북 격차) 해소, 난개발 방지, 주택문제 해결, 교육환경의 격차 해소, 일자리 창출과 경기부양 효과 등이다. 뉴타운 사업이 이런 목적을 달성하고 있는지 이 시점에서 평가하기는 쉽지 않다. 섣부르게 평가하기보다는 길음 뉴타운에서 만난 원주민의 소회를 들어보자.

이거는 능력이 있으면 계속 사는 거지. 50년 임대이니까, 죽을 때까지 계속 사는 거지. 주거문제는 걱정이 없어요. 돈문제는 걱정이 되지. 솔직히 말해 아파트니까 좋아진 것은 사실이지요. 우리한테는 도움이 되는 게 아무것도 없잖아. 뭐가 있어? 우리가 스포츠센터에 가서 무엇을 하겠어. 있다 해도 쓰지도 못하고 가지도 못하고 그렇잖아요. 우리에게 해당되는 게 하나도 없잖아요. (김재호, 7면)

김재호씨는 우선 두 가지 점에서는 만족감을 표했다. 죽을 때까지 계속 살 수 있고, 아파트라서 생활하기가 훨씬 편리해졌다는 것이다. 주거안정성이나 주거환경 개선 면에서는 만족한다는 얘긴데, 경제적으로 크게 부담스럽다. 그러나 동네가 예전보다 더 번듯하고 좋아진 것, 다시 말해 중산층 취향으로 바뀐 데 대해서는 자신들에겐 "해당되는 게 하나도 없다"고 생각한다. 예전엔 다 고만고만하게 사는 이웃들이 많아 생활 패턴이나 소비 양상도 엇비슷했는데, 이제 자신은 동네의 소수자가 된 셈이다. 심경석씨는 뉴타운이 낙후 지역 문제를 해결하고 있다고 생각하느냐는 질문에 반반이라고 응답했다.

그거는 반반이죠. 왜냐하면 이제 개발을 하려고 하는 사람은 세입자는 아니고 가옥주 입장이고. 세입자 입장은 오히려 여기에서 밖으로 나가니까 더 고통스러워하시죠. (…) 더 고통스럽죠. 보통 여기에서 서울 문 안으로 들어가려면 20분이면 가는 걸 외곽 지역으로 나가면 한 시간이 걸려야 하잖아요. 한 시간 걸리지만 들어가고 나간다 그러

면 벌써 40분씩 차이가 나면 80분의 시간 소모를 해야 하거든요. 우리
가 흔히 그런 말이 있잖아요. 시간이 금이다 하는데 (…) 금액으로 환
산해서 간다고 그러면 대단한 거예요.(심경석, 20면)

심경석씨는 재개발을 둘러싸고 가옥주와 세입자 입장은 다를 수
밖에 없으며 세입자는 명백히 재개발의 피해자라고 인식한다. 세입
자들은 더 멀고 낯선 곳으로 밀려나 다시 삶의 거처를 마련해야 하
고, 그곳에서는 일터로 이동하는 데 비용이 더 많이 든다. 시간이 금
인지라 그걸 "금액으로 환산"하면 세입자들은 사실상 주거환경은
더 열악하나 값은 더 비싼 거주지로 옮기는 셈이라는 설명이다.

반면 부동산 중개사 구준호씨는 뉴타운을 매우 긍정적으로 평가
했다.

뉴타운이 강북 사람들한테 부의 상승에 기여하는 것은 사실입니다.
왜냐하면 길음 뉴타운을 봤을 때, 전에 여기가 참으로 못사는 동네예
요. (…) 결론적으로 이 강북 뉴타운이 강북 사람들한테는 희망이라고
봐요. 좀 표현이 이상한 거 같지만 하여간 '허울 좋은 정책'은 아니라
고 봐요. 그런데 지금까지는 뉴타운이 좀 소규모로 개발이 되었는데,
제 생각은 광역적으로 개발하면 특히 기반시설이 어느 정도 지원되느
냐가 중요해요.(구준호, 3면)

구준호씨는 뉴타운이 강북 사람들의 자산가치를 올려줌으로써
강남북의 차이를 줄여가는 데 도움이 되고 주거환경을 개선함으로

써 삶의 질도 높이고 있다고 보았다. 다만 지금보다는 더 광역적으로 개발해서 기반시설을 더 많이 지원해주기를 바랐다. 광역적 개발 방식을 도입함으로써 난개발을 방지하고 도시 기반시설이나 편의시설을 늘려 주거환경을 개선하는 것이 뉴타운의 중요한 개발 원칙의 하나였는데, 그 점에서는 아쉽다는 의견이다.

여기 시범구역이지만 기반시설이 제가 보기에는 상당히 낙후되어 있어요. 근본적으로 여기 유통공급 시설이 지금 (⋯) 대형 마트가 들어설 공간이 없다는 것. 그래서 사람들이 창동이나 중계동 쪽으로 가는데 여기는 어떤 대형 할인마트가 없어요. 그래서 지금 주민들은 백화점을 이용한다고. 그러니까 갑자기 사람들이 백화점을 이용하게 됐어요. 이 사람들이.(구준호, 3면)

대형 쇼핑몰이나 백화점이나 마트나 이런 데로 가는 거예요. (⋯) 그런 데 가서 1~2주일 분량을 사다가 먹는 거예요. 그러니까 누구네도 그랬대, 누구네도 그랬대 하면서 가는 거예요. (⋯) 서라벌중학교는 수유리로 가고 고등학교는 중계동으로 간 거예요. (⋯) 나중에 공원이 생긴다 그러면 여기 비탈 지역인데 이쪽 편으로 200평, 이렇게 공원 하나 만든다고 하는데 그것도 지나가는 길에 의자 하나 놓고 공원 만든다는 그런 개념이겠지요. (⋯) 지금 보면 아파트만 많아질 수밖에 없는 게 뭐냐면 재개발 구역에서는 많이 지어야 남을 거 아니예요? 그렇게 하면서 이익금이 남으면 정부에서 환수한다고 하니까 그 돈 내야지. 뭐, 내야지 되니까 많이 지어야 하는 거 아니예요. 지금 초등학교밖에 없잖아요. (출퇴근시 차가) 한 줄로 쭉 늘어서 있어요. 그러면 여기에서 나와서 큰길까지 나가는데 5~7분 정도 걸려요. (…) 앞으로는 더 열악해지죠. 9구역, 8구역, 7구역 해서 들어오면 정말 그건 말도 못해요.(심경석, 16~18면)

구준호씨와 심경석씨는 학교, 공원, 상가 및 편의시설, 도로 등 여러 면에서 불편함을 토로한다. 중산층이 유입되어 대형 할인점이나 백화점을 이용하려는 사람은 늘었는데 시설은 없어서 인근 지역으로 가서 쇼핑하고, 학교는 초등학교 하나뿐이며, 아파트 밀집도가 높아 도로는 이미 포화상태이고, 장차 지을 공원이란 것도 그저 나무 몇 그루 심고 의자 몇 개 갖다놓은 수준에 불과할 거라는 지적이다. 말이 뉴타운이지 사실은 아파트만 빽빽이 들어서는 기존 재개발과 별 차이가 없다는 것이다. 물론 길음 뉴타운 사업을 모두 완료한 것은 아니기 때문에 이후 개선될 가능성은 있으나, 일단 아파트부터 지어놓고 나중에 편의시설이나 공공시설을 공급하는 방식도 개선해야 할 것으로 보인다.

뉴타운이 희망의 공간이 되려면

강북 뉴타운 사업의 효과를 논하기에는 이른 감이 있다. 시범 뉴타운 지역인 길음 뉴타운이 제일 먼저 사업을 시작했으나 아직 완료되지 않은 상태이며, 은평 뉴타운은 공사 단계이고 왕십리 뉴타운은 관리처분 인가를 앞두고 있기 때문이다.

다만 제일 먼저 추진된 길음 뉴타운의 사업현황과 재정착률, 그리고 재정착 주민을 대상으로 한 인터뷰를 토대로 뉴타운 사업의 긍정적인 측면과 부정적인 측면을 찾아볼 수 있다.

우선 정책목표 달성 측면에서 살펴보면 첫째, 뉴타운 사업의 가장 중요한 목적인 강남북간 또는 기존 개발지역과 낙후지역 간의 격차 해소에 기여하고 있는가를 보자. 실제로 서울시는 균형발전촉진본부라는 조직을 새롭게 구성해 사업을 관할할 만큼 지역격차 해소에 중점을 두어 이 사업을 추진하고 있다. 지역격차 해소는 시각에 따라 달리 볼 수 있다. 뉴타운 사업으로 나타나는 가장 커다란 변화는 땅값의 상승으로 지역간 격차가 상당 부분 완화되고 있다는 사실이다. 이러한 변화에 따른 혜택은 일차적으로 재정착한 가옥주(토지 등 소유자)에게 가장 많이 돌아갔고, 다음으로 재정착하지 못한 가옥주, 그다음으로 외부에서 뉴타운 아파트를 사서 이주한 세대에 돌아가고 있다. 또한 사업지 주변 가옥주에게도 적지 않은 자산가치 상승 효과를 가져다준다고 볼 수 있다.

그러나 주거환경과 교육여건 개선 측면에서는 뚜렷한 효과가 나타나지 않고 있다. 아파트가 완공되어 주민들은 입주하고 있으나 초등학교 등은 건립되지 않고 있으며 오히려 해당 지자체에서는 기존 뉴타운 주변의 중고등학교를 다른 데로 이전하는 행태를 보여 우려를 사고 있다. 또한 아파트 밀집으로 교통 문제가 생겨나 주민들은 고통을 호소하고 있으며, 주거여건이 개선된 새 아파트에서 사는 것 말고는 달라진 게 없다는 의견도 나온다.

둘째, 뉴타운 사업으로 변화를 기대할 수 있는 아주 중요한 요소 가운데 하나인 낙후지역 주민의 주거안정에 대한 평가이다. 재정착률이 평균 30% 이하이고, 입주 후에는 10% 이하로 떨어진다는 결과로 보아 뉴타운 사업이 원주민의 지속적인 주거안정을 달성하는 데 기여한다고 보기는 어렵다. 혹자는 원주민 재정착이 의미가 없다고 말하기도 한다. 뉴타운 사업으로 원주민은 거의 대부분 다른 곳으로 이주하고 외부인이 80~90% 이상 들어와 살게 된다면 뉴타운 사업 의의는 크게 훼손될 수밖에 없다. 대부분의 원주민이 뉴타운 사업으로 약간의 금전적 혜택을 받고 다른 곳으로 이주해 살게 되는 것으로 위안을 삼아야 하는가? 이러한 현실에서는 결국 '누구를 위한 뉴타운인가?'라는 의문에 직면할 수밖에 없다.

뉴타운 지역이 개발 후 외지에서 온 중산층 거주지로 재구조화된다면 외견상 강남에 버금가는 고품격 아파트단지를 조성하는 데는 성공할지 모르나 원주민의 안정적인 생활이라는 측면에서는 돌이킬 수 없는 문제를 남길 것이다.

재정착률이 낮은 이유는 인터뷰에서 나타났듯이 종전 권리가액과 새 아파트 권리가액의 차이가 커서 대부분의 영세 가옥주가 차액 지불능력이 없기 때문이다. 이들 영세 가옥주들은 추가부담금과 대출금, 이자를 감당하지 못하고 사업중이나 입주 시점에 세대별 형편에 따라 다른 곳으로 이주한다. 이에 더해 세입자 이주대책비 증가로 가옥주(조합원)의 부담이 더욱 늘어나고 있다. 현재 세입자 한 가구당 500~1000만원의 이주대책비를 보상하고 있으며, 보상은 전적으로 조합(조합원)이 책임지고 있다.

세입자의 경우 임대주택이나 이주대책비 가운데 하나를 선택해야 하는데 주변 낙후지역이나 도시 외곽으로 이주하는 경향을 보인다. 임대주택에 입주한 세입자는 관리비 부담은 있으나 과거보다 주거환경이 개선되었고, 잦은 이주로 인한 주거불안을 해소하게 되어 주거안정에 도움이 된다고 평가한다.

　세입자가 아무리 노력해도 내 집을 장만하기가 거의 불가능한 현실에서 그나마 뉴타운 임대주택에 입주해 안정된 생활을 누리는 것은 긍정적으로 평가할 수 있다. 그러나 세입자 가구수에 비해 임대주택의 공급량이 매우 적어 실제로 임대주택에 입주하는 세입자 가구는 많지 않다. 임대주택을 많이 건립하는 것도 쉽지 않다. 가옥주는 임대주택 대량공급이 주거지 저급화와 집값 하락을 가져온다고 생각해 반대한다. 결국 세입자 가구들이 아이들 학교 문제로 주변지역으로 이주하기를 원하나 임대료가 뉴타운 효과로 이미 상승해 주거불안을 겪게 되며 각자 형편에 맞는 새 주거지를 찾아 떠나게 된다. 또한 일부 세입자 가구는 임대주택에 대한 차별과 편견, 분양주택 주민과의 심리적 갈등 등을 우려하여 다른 곳으로 이주하기도 한다.

　셋째, 뉴타운 사업의 또다른 목적은 기존 재개발 과정에서 나타난 점적인 재개발 방식의 난개발 문제를 해결하는 것이다. 민간이 주도한 기존 재개발은 도시 기반시설에 대한 충분한 고려 없이 주택 중심으로 추진되어 난개발이라는 지적을 받았다. 반면 뉴타운 개발은 공공이 참여하는 민간사업으로 적정 규모의 생활권역을 대상으로 충분한 도시 기반시설을 확보하는 종합 도시계획 사업임을 강조한다. 이러한 측면에서 볼 때 뉴타운 사업은 새로운 대안이기는 하나, 실제로는 삶의 질 향상을 위한 도시 기반시설 확보가 미흡하고, 오히려 광역화된 아파트촌 형성이라는 새로운 문제를 야기하고 있다.

　넷째, 뉴타운을 통해 단순한 도시구조의 정비 및 개선에 머무는 것이 아니라 다양한 계층과 세대가 함께 살 수 있는 '인간 중심의 커뮤니티'를 조성해야 한다. 뉴타운의 원래 목적은 도시 전체가 조화를 이루는 '21세기형 고품질 복지 주거환경 공간'을 만드는 것이다.

이러한 목적에 가장 걸림돌이 되는 문제는 분양아파트 주민과 임대아파트 주민의 갈등이다. 분양아파트 주민들이 일방적으로 갈등을 조장하는 모습을 보이는데, 80~90% 이상이 외부인으로 재구조화된 커뮤니티로 인해 기존 커뮤니티에 대한 이해와 애정 결핍, 사회문화적인 생활양식의 격차, 친밀감의 현저한 저감으로 임대아파트 주민에 대한 멸시와 공개 비난이 문제가 되고 있다. 길음 뉴타운 주민의 인터뷰 과정에서 대부분의 주민이 뉴타운이 들어서기 이전에 볼 수 없었던 계층간 갈등 문제가 심각하게 나타난다고 우려했다. 분양아파트 주민은 임대아파트 때문에 집값이 떨어진다고 생각할 뿐 아니라, 생활과 문화의 수준이 차이가 난다며 공간적·심리적·사회적 격리를 주장한다.

다섯째, 종합하자면 "뉴타운 사업이 강북 주민에게 희망을 주고 있는가?"에 명확히 답변하기는 어렵다. 지역주민이 각자 상황과 여건에 따라 다른 반응을 보이기 때문이다. 재정착을 한 가옥주와 세입자가 뉴타운 사업으로 가장 큰 혜택을 얻고 주거안정을 누린다고 볼 수 있다. 그러나 재정착률이 매우 낮은 현실을 감안할 때 대부분의 원주민은 뉴타운 사업으로 생활의 커다란 변화를 겪고 있다. 다른 곳으로 이주해 다양한 형태로 정착하지만 저소득 세입자일수록 빈곤의 악순환에서 벗어날 수 없는 구조적인 문제를 안고 있다.

강북 뉴타운이 주민의 희망이 되기 위해서는 우선 주거안정을 이루고 주거환경을 개선해야 한다. 주거안정이란 단순히 새 주택을 마련하는 데 그치지 않고 경제적, 사회적, 문화적인 부담을 최소화해 삶을 지속할 수 있도록 하는 것이다.

우선, 재정착이 가능하도록 경제적 부담을 최소화해야 한다. 대부분의 원주민이 중대형 위주의 주택이 공급되는데다 집값이 비싸 재정착을 하지 못한다. 따라서 가옥주의 경우 가구별 경제적 여건에 맞는 주택을 최대한 공급해야 한다. 소형주택 공급 의무비율을 정하는 식으로 정부가 일방적으로 규제하기보다는 주민총회를 통해 주민 스스로 주택 공급 유형을 결정하도록 유도해야 한다. 이와 관련해 정부에서는 주민 재정착 증진을 위한 인센티브 제도의 활용을 검토할 수 있다. 또한 세입자 이주대책비 부담과 집값 상한제도 도입 등으로 주민 부담이 증가하고 있으며 원주민 재정착이 어려워지고 있다. 이와 관련된 제도의 재검토 역시 필요하다.

세입자 가구를 위해서는 뉴타운 지역의 국공유지 등을 활용해 세입자용 임대주택 공급을 확대해야 하며, 뉴타운 지역에만 임대주택 공급을 확대해야 한다는 발상에서 벗어나 도심의 적절한 공간에 다양한 방법으로 임대주택을 공급하는 방안을 모색해야 한다. 또한 임대주택에 입주한 가구에 대해서도 소득수준에 따라 주거비 부담 차등화 방안을 모색해야 할 것이다.

교육환경과 사회문화적인 측면에서 화합을 도모하기 위해 노력해야 한다. 시설과 주민의 이동 동선을 통합하고, 주민 누구나 참여할 수 있는 다양한 프로그램을 운영함으로써 사회적 통합을 도모해야 할 것이다. 이를 위해서는 공공의 지원과 역할이 요긴하다. 시설 짓는 데만 급급할 게 아니라, 물리적·심리적·사회문화적으로 세심하게 배려해 사업을 추진해야 한다.

저소득층 세입자들에 대한 제도적 지원책을 마련해야 한다. 뉴타운으로 인한 주변 지가의 상승은 임대료 상승으로 이어져 세입자의 주거여건은 악화될 수밖에 없다. 따라서 저소득층 세입자일수록 자신의 여건에 맞는 지역을 찾아, 또다른 불량 주거지나 도시 외곽으로 이주할 수밖에 없다. 뉴타운 사업으로 주거수준이 오히려 떨어지는 가구의 실태와 임대주택에 입주하지 않으려는 이유를 파악하고, 주거안정을 위한 제도적 지원 방안을 마련해야 한다.

행복한 집, 행복한 세상

지난 10년간 주택시장의 변화는 우리사회에 많은 생채기를 남겼다. 집이 없는 사람들은 매일매일 올라가는 집값에 상처받고, 반면 집값이 오르지 않으면 않는 대로 저마다 할 말이 많았다. 우리는 주택시장의 희망을 찾아보려 이 연구를 시작했다. 그런데 연구를 진행하는 동안 구술자들의 목소리 속에는 집이 주는 희망에 대한 이야기보다는 집이 준 절망과 상처에 대한 이야기가 압도적으로 많았다.

과연 우리에게 집이 주는 희망은 무엇이어야 할까? 우리가 집을 통해 얻어야 하는 것은 진정 무엇일까?

집에 대한 동상이몽

국어사전은 집을 '사람이나 동물이 추위, 더위, 비바람 따위를 막고 그 속에 들어 살기 위하여 지은 건물'이라고 설명한다. 하지만 현대를 살아가면서 이러한 단어들로 '집'이라는 것을 충분히 설명할 수 있다는 데 동의하는 사람은 별로 없을 것이다. 요즘 사람이 생각하는 집은 단순히 잠을 자고 쉬기 위한 공간만은 아닐 터이기 때문이다. 현대인에게 집이란 무엇일까? 이 책을 만들기 위해 연구를 시작하면서 필자들이 공통적으로 품었던 고민이다. '사람이 두 발 편히 뻗고 쉴 공간'이라는 주택의 의미는 어쩌면 국어사전에서나 찾아볼 수 있을지도 모른다. 주택 구입을 통해 자산을 축적하고 이를 통해 더 큰 집을 갖고 싶은 욕망, 또 그것을 통해 더 높은 사회적 지위를 얻고 싶은 욕망 또한 현대인이 집에 얹어놓은 것들이다.

우리는 '주택'이라는 재화를 놓고 너무나 다른 꿈을 꾸고 있다. 한편에서는 주거안정, 집값이 오르지 않는 사회를 꿈꾼다고 이야기한다. 하지만 다른 한편에서는 내가 구입한 주택의 가격이 올라 재산이 늘어나기를 바란다. 편안한 삶과 부유한 삶이라는 인생의 꿈이 '주택'이라는 재화를 통해 다양한 방식으로 표출되는 것이다. 물론 어느 것도 부정할 수는 없다. 사실 자본주의사회에서 '주택'이란 그런 양면성을 가질 수밖에 없다.

'사는 것'과 '사는 곳'

'집은 사는 것에서 사는 곳으로 바뀝니다.'

이는 2007년부터 서울시가 추진하고 있는 '시프트(Shift, 장기전세주택)'의 초기 광고카피이다. 장기전세주택은 주변 전세가격보다 저렴하게 안정적인 주거를 보장한다는 점에서 큰 호응을 얻고 있다. 2007년 5월에 송파구 장지지구를 시작으로 강서구 발산동, 양천구 신월동까지 10대 1에 가까운 경쟁률을 보이며 성황리에 청약이 마감되었다. 이후에도 시프트는 높은 청약 경쟁률을 보이고 있다. 장기전세주택은 주택의 개념을 거주의 공간으로 바꾸겠다는 의지를 담고 있다. 그렇다면 사람들이 모두 소유하고 거주하기를 희망하는 강남지역 주택은 단순히 '사는 것'일까.

강남지역의 부의 상징성은 점점 더 강화되고 있다. 특히 '강남지역 부동산 불패론(不敗論)'을 깨려 했던 참여정부 기간에 오히려 주택가격이 상승했으니 참으로 아이러니한 일이다. 한편에서는 강남지역에 사는 사람들을 집값 상승에 혈안이 된 사람들로 보는 시각이 있다. 그러나 강남 역시 다양한 사연을 지닌 사람들이 서로 얽혀 있는 삶의 공간이며 터전이다. 단지 인프라, 편의시설이 풍족하게 갖추어진 데다 희소성이 인정받으면서 주택가격이 높게 형성된 지역일 뿐이다.

서울도시개발공사의 장기전세주택 청약 열풍에서 나타나듯이 집을 구입하지 않고도 안정적인 주거를 원하는 계층은 많다. 개인적인 희망과 목적이 무엇이든 말이다. 임대주택 수요 증가는 한편으로 주택 구매자의 감소를 의미한다. 반대로 생각하면, 임대주택시장의 불안이 주택 소유욕을 높이고 결과적으로 주택가격을 상승시키는 원인으로 작용한다. 그럼에도 우리나라 임대시장은 안정적인 주거 수준을 제공하지 못했다.

물론 만성적인 주택 부족으로 주택가격이 상승했고 그 결과 주택 구입을 통한 자산축적이 매우 중요한 재테크 수단으로 인식되었다는 점이 임대주택시장의 성숙에 결정적인 걸림돌이었다. 한편 임대주택은 태생적인 한계를 지니고 있다. 우리나라는 전세라는 특유의 제도가 임대주택시장을 거의 이끌어왔다고 할 수 있다. 그러나 임대차보호법으로 2년밖에 거주할 수 없다는 점에서 거주의 안정성이 크게 위협받아온 것이 사실이다. 집을 구입하지 않고도 안정적으로 거주할 수 있는 주택이 너무 부족했다. 우리나라에서 '임대주택'은 초기에 영세민과 생활보호대상자들에게 집중 지원됨으로써 '못사는 사람이 사는 주택'이라는 인식이 널리 퍼졌다. 이런 상황은 그 필요성에도 불구하고 임대주택이 보편화하는 데 걸림돌로 작용했다. 임대주택은 주택의 역할을 재인식시키는 데 매우 중요한 역할을 한다.

이런저런 이유에도 불구하고 임대주택은 주거를 위한 선택의 폭을 넓혀주었다는 점에서 의미가 있다. 다양한 주택이 인정받고 주택 선택이 자유로워지기 위해서는 임대주택이 본연의 역할과 위치를 찾아야 한다. 주택시장이 안정될수록, 임대주택의 질이 좋아질수록, 그리고 임대주택에 대한 사회적 편견이 사라질수록 임대주택을 찾는 사람이 많아질 것이다. 이는 다시 주택에 대한 소유욕을 떨어뜨리고, 다양하고 질 좋은 임대주택을 만들 수 있는 조건을 제공한다. 그리고 임대주택에 대한 편견도 사라질 것이다. 이러한 주택시장의 '선순환 고리'를 만들어야 한다. 임대주택이 주택 구입의 디딤돌, 어쩔 수 없이 선택하는 대체수단이 아닌 떳떳하고 편안한 주거수단으로 자리잡아야 하는 이유이다.

지방 주택시장은 소위 말하는 거주의 개념이 어느정도 자리를 잡아가는 시장이다. 2004년도 이후 집값이 거의 오르지 않아 시세차익에 대한 기대감이 거의 없기 때문이다. 그러나 주택가격이 안정되었다고 해서 불만이 없는 것은 아니다. 물론 수도권 주택가격 급등에 따른 상대적 박탈감도 중요한 요인이다. 그렇지만 더 중요한 것은 주거에 대한 불만이다. 지방의 부족한 인프라, 좋은 직장을 얻기 위해 수도권으로 이사해야 하는 현실, 이러한 과정에서 부딪치는 주택문제들이 수도권의 집값 상승 못지않게 절실하게 느껴진다.

다양성을 인정한다는 것

2007년 이후 집값은 안정된 반면 주가지수가 2000포인트에 다다르면서 너도나도 주식시장으로 몰려들었다. 이렇다보니 기업의 가치와는 상관없는 '묻지 마 투자' 현상도 많이 나타난다. 하지만 우리는 이에 대해 투기라는 용어를 쓰지 않는다. 반면 주택가격이 오를 것으로 판단해 대출을 받아 집을 산 사람들은 '집으로 투기한 사람'이라는 대접을 받는다. 용어 사용에서의 이런 불평등(?)은 아무래도 집이 인간의 보편적 인권과 연관되어 있기 때문일 것이다.

하지만 이런 현상은 집의 차별성을 인정하지 않는 사회적인 풍토와도 무관하지 않다. 음식 역시 의식주의 일부다. 오히려 집보다 더 기본적인 욕구에 해당한다. 음식은 몇백원짜리에서 몇십만원짜리까지 종류가 다양하다. 하지만 국가에서 관심을 가져야 하는 부분은 쌀이나 라면, 배추 같은 필수 식품들이며, 고급레스토랑의 음식 값은 시장원리에 좌우된다 하더라도 별로 문제시하지 않는다. 이는 물론 옷에도 적용된다. 일반적으로 몇만원, 심지어 몇천원만 주고도 살 수 있는 옷이 있고, 명품이라는 이름으로 지나치게 비싼 가격이 매겨진 옷들도 있다. 만약 국가가 개입해야 한다면 명품이 아니라 일반인들이 흔히 구입하는 옷일 것이다.

그러나 이러한 논리는 주택에는 잘 적용되지 않는 듯하다. 아마도 주택은 시세차익을 둘러싸고 상대적 박탈감이라는 특별한 정책적 이슈를 제공하기 때문일 듯싶다. 정책적 측면에서 부의 분배와 결부되는 이러한 현상에 민감할 수밖에 없으나, 최우선 과제는 비싼 집을 사지 못한 사람, 혹은 구입한 집 가격이 많이 오르지 않아서 시세차익을 얻지 못한 사람이 아니라 자력으로 주거공간을 마련할 수 없는 사람의 주거문제를 해결하는 일일 것이다.

우리는 주택의 다양성을 인정해야 한다. 집은 '사는 곳'일 수도 '사는 것'일 수도 있다. 이러한 양면성을 임의로 정의할 수는 없는 일이다. 최근 주택시장의 문제는 저마다 다른 주택의 특징을 인정하지 않는, 즉 '강남'이라는 특수성을 인정하지 않거나 '임대주택'에 사회적 낙인을 찍는 통념에 기인하는 측면도 있다. 우리가 희망하는 사회의 모습은 '강남 주택의 가격이 오르지 않는 사회'가 아니라 '좀 더 좋은 환경에서 안정으로 주거할 수 있는 집이 보장된 사회'여야 한다. 돈을 벌려는 욕망보다는 편히 쉴 집을 원하는 욕망이 더욱 원초적이기에 그래야 한다면 너무 단순한 발상일까?

집과 돈, 그리고 사람

집의 일차적 목적은 사람들에게 거주공간을 제공하는 것이다. 사람마다 원하는 집이 다르고, 집을 단순히 부의 수단으로 생각하는 사람이 있다 할지라도 이러한 본원적 역할을 부정할 수는 없는 일이다.

하지만 현실적으로 모든 사람이 집을 가질 수는 없는 일이다. 어느 나라든 모든 국민이 집을 가진 나라는 없다. 다만 얼마나 많은 사람이 주택을 보유하고 있는지가 그 나라 주거 수준을 평가하는 잣대가 될 뿐이다. 그렇다면 한 나라의 주거문제는 결과적으로 집을 갖지 못한 사람들, 집을 갖고 있더라도 행복하게 거주하기 어려운 사람들에게 집중될 수밖에 없다. 이것이 정부가 주택시장에 개입해야 하는 가장 중요한 이유다.

주택문제의 해결책은 많은 사람에게 얼마나 안정적인 주거환경을 제공하느냐에 달려 있다. 이를 위해 정부는 우선 충분한 주택을 공급해야 한다. 이러한 주택 공급의 논리는 신도시 개발과 재개발이라는 큰 축과 만난다. 신도시와 재개발의 논리는 매우 분명하다. 좀더 많은 주택을 공급하고 좀더 좋은 주거환경을 만들자는 것이다. 그러나 이 논리는 개발로 발생하는 돈 문제와 연결된다. 그곳에 거주하는 사람들에게 어떻게 보상을 해줄 것이며, 개발로 인해 발생하는 이득을 누가 가져야 하는가. 개발론자는 경제논리로, 반대론자들은 거주민의 관점에서 접근한다. 자칫 이 문제는 서로 대립할 수밖에 없는 문제로 보인다.

그러나 이러한 갈등의 핵심엔 결국 돈이 있다. 문제는 원주민들이 소중한 터전을 상실하는 대가로 정당한 보상을 받을 수 있느냐에 있다. 물론 억만금을 주어도 삶의 터전을 버릴 수 없는 사람도 있을 것이다. 그러나 대부분 보상 문제, 즉 금전적 보상이 갈등의 핵심으로 남는다. 사실이 이렇다면 우리는 매우 손쉬운 결론에 도달한다. 개발을 하되 사람들의 상실감을 충분히 보상해야 한다고 말이다.

우리가 주택은 거주공간이라고 아무리 부르짖어도 주택과 돈은 분리될 수 없다. 임대주택 주민 역시 거주 안정이 필요하지만 결국에는 내 집을 사기 원하고 다른 사람이 소유한 주택의 가격이 오르는 현실에 좌절한다. 신도시와 재개발 지역 원주민 역시 안락한 집과 함께 합당한 보상을 원한다. 현대를 살아가는, 아니 21세기 대한민국에 살아가는 사람들에게 '집은 삶의 거처'라는 정의는 '가까이 하기에는 너무 먼 환상'에 불과한 것으로 보인다.

우리나라의 경우 주거문제에 대한 해결책은 대부분 주택을 더 늘리는 일에 치중해왔다. 그러나 2002년 주택보급률이 100%를 넘어서면서 우리는 변화의 필요성에 직면해 있다. 집은 계속 지어야 한다. 하지만 무작정 지어서는 안된다. 사람들이 원하는 집을, 원하는 곳에 짓되 이에 따르는 상처는 최소화하는 일이 무엇보다 중요하다.

행복한 집, 행복한 세상

나의 살던 고향은 꽃피는 산골
복숭아꽃 살구꽃 아기 진달래
울긋불긋 꽃대궐 차린 동네
그 속에서 놀던 때가 그립습니다

우리나라 사람이면 누구나 알고 있는 노래 「고향의 봄」이다. 이 노래를 부르면 무언가 애틋하고 아련한 기분을 느낀다. 아마도 '고향'이 어릴 적 기억을 간직한 공간이기 때문일 것이다. 명절이면 살인적인 교통체증을 무릅쓰고 고향으로 가는 까닭도 그곳이 단순한 물리적 공간이 아니라 수많은 기억과 이야기를 품고 있는 정서적 공간이기 때문일 것이다.

앞으로 우리 아이들에게도 돌아갈 고향이 있을까? 아니, 평생 내 몸을 의탁할 집이라는 개념이 남아 있을까? 임대주택도 더 좋은 주택으로 옮겨가기 위한 징검다리 정도로 여겨지고, 오래 거주하던 지역도 신도시, 재개발로 사라지고 있다. 더 좋은 가치를 창출할 수 있다면 집도 더 좋게 개량할 수 있고 개발할 수도 있다. 그러나 우리가 정말 바라는 집은 어떤 집일까? 내 삶의 이야기가 있고 가족이 기다리는 곳, 오후의 나른함 속에서 바라보던 화단의 꽃들, 창밖 처마 밑에 매달려 있던 고드름, 친구들과 뛰어놀던 마을 놀이터, 집이 선사한 행복은 그런 데서 우러나온 게 아닐까 인간에게 집이란 삶이 담기는 공간, 몸으로 기억되는 공간이 아닐까, 우리 자녀들에게도 남겨주어야 할 것도 세대간의 이야기가 이어지는 그런 공간, 몇억짜리 콘크리트 덩어리가 아니라 따뜻하고 정겨운 추억이 담긴 집이 아닐까?

하지만 지금 우리에게 집은 가족들이 함께할 시간을 앗아가는 곳이 되어버렸다. 집을 가지기 위해, 집을 통해 또다른 부를 만들기 위해 인생을 허비해야 한다. 집은 이제 머니게임의 대상이 되었고, 우리에게 너무나 많은 것을 요구한다. 통장을 다 털어서 집을 마련하고, 남은 인생도 집값을 내는 데 매달려야 하는 인생은 너무 고단하고 힘들다. '집 하나밖에 없는 거지'라면 지나친 표현일까? 직장을 따라, 교육을 위해, 더 많은 돈을 벌기 위해 우리는 평균 4.5년마다 이사를 한다. 내가 사는 곳의 집값이 올라서 자산이 증가한다면 그것도 행복일 것이다. 요즘 누구나 원하듯이 말이다. 하지만 다른 집도 함께 오른다면, 그래서 끝없이 더 비싼 집을 좇아 고단한 삶을 살아야 한다면 집은 굴레가 될 수밖에 없다.

우리 모두 진정 어떤 집을 갖고 싶은가를 곰곰이 생각해보았으면 한다. 우리가 원하는 집은 비싼 집이 아니라 행복한 집일 것이다. 행복한 집이 많아질수록 세상도 행복해질 것이다.

1장 집은 당신에게 무엇인가?

1 통계청 「한국의 사회지표」, 2005.

2 최은영 「차별화된 부의 재생산 공간, 강남의 형성」, 한국도시지리학회지 2006, 제9권 1호.

3 유시주, 이희영 『우리는 더 많은 민주주의를 원한다』, 창비 2007, 50면.

4 이영민 「서울 강남의 사회적 구성과 정체성의 정치」, 한국도시지리학회지 2006, 제9권 1호.

5 국정브리핑 특별기획팀 「대한민국 부동산 40년」, 한스미디어 2007, 345면

2장 공공임대주택의 빛과 그늘

1 통계청 사회통계조사에 따르면 2004년 우리나라의 전국 자가보유율은 62.9%이며 수도권의 경우에는 59.1%로 나타났다.

2 임대주택이란 용어가 공식 사용된 것은 1971년 대한주택공사가 서울 개봉지구에 13평 규모의 임대주택을 공급했을 때다. 이 주택은 1980년까지 약 6만 5000호가량

공급되었으나 임대 기간이 1년에 불과하고, 전대나 전매를 할 수 있었다는 점에서 공공임대주택으로 보기는 힘들다.

3 1988~92년에 임대 기간 5년의 장기임대주택 15만호, 기업이 직접 건설하거나 주택공사, 지방정부, 주택사업자가 건설한 주택을 기업이 분양받아 소유하면서 자사의 근로자들에게 임대하는 사원임대주택 10만호, 생활보호 대상자와 의료부조자를 입주 대상으로 하는 영구임대주택 25만호를 건설한다는 계획이었다. 계획 기간에 실제로 건설된 임대주택은 장기임대주택 18만 6000호, 영구임대주택 19만호, 사원임대주택 42만호로, 계획 대비 건설률은 160%였다.

4 2002년 5월 국민임대주택 100만호 건설 계획이 발표되었으며, 이는 2003년 5월에 장기임대주택 50만호를 더하여 총 150만호의 공공임대주택을 건설하는 것으로 확대·수정되었다.

5 최윤정(2006)은 주택 재개발 단지에서 사회적 혼합에 관한 의식 조사연구에서 조사 대상 73개 구역 중 63개 지역에서 임대아파트를 독립적으로 배치하거나 출구를 별도로 분리했다는 결과를 제시했다.

6 김준형·김성제·최막중 「임대주택에서 사회적 혼합의 장애 요인과 해소 방안에 관한 연구」, 『국토계획』 제40권 5호, 154면.

7 최윤정, 2005.

8 김준형·김성제·최막중, 앞의 논문.

9 최근에는 주거복지재단을 통해 임대주택 운영기관을 공모한다. 이로써 임대주택 내 생활지원 써비스를 지원할 수 있는 제도적 기반이 마련되었다.

10 주택법 43조에서 공동주택의 입주자는 입주자대표회의를 구성하고 공동주택 관리 방법을 결정하도록 하는 강제조항을 두고 있다. 그러나 임대주택법 29조에서는 임차인대표회의 구성을 임의조항으로 규정하고 의결권이 없는 협의체로 인정한다.

11 박신영 「주택전세제도의 기원과 전세시장 전망」.

3장 주택금융의 희망찾기

1 이중희 『주택경제론』.

2 조선총독부 「관습조사보고서」, 1910년, 고상용(1979)에서 재인용.

3 본 글에서 제시한 200%는 주택가격−전세가격=자기투자자본, 주택가격의 상승

분/자기투자자본으로 구한 수치이다.

4 타인에게 빌린 자본을 지렛대 삼아 자기자본 이익률을 높이는 것을 말한다. 예를 들어, 10억원의 자기자본으로 1억원의 순익을 올렸다고 할 때, 투자자본 전부를 자기자본으로 충당했다면 자기자본 이익률은 10%가 되고, 자기자본 5억원에 타인자본 5억원을 끌어들여 1억원의 순익을 올렸다면 자기자본 이익률은 20%가 되는 것이다. 따라서 차입금 등의 금리 비용보다 높은 수익률이 예상될 때에는 타인자본을 적극적으로 끌어들여 투자하는 것이 유리하다. 그러나 과도한 차입금을 사용하는 경우, 금리상승으로 인한 부담이 증가해 도산 위험 및 도산의 기대비용이 높아질 수 있다.

5 박신영 「주택전세제도의 기원과 전세시장 전망」 참조.

6 2007년 5월말 기준으로 주택대출은 총 301.8조원이며, 민간주택대출이 279.2조원, 국민주택기금이 16.2조원, 한국주택금융공사 모기지론이 6.4조원이다. 본 연구에서 제외하기로 한 국민주택기금의 경우에는 주택대출에서 차지하는 비중이 5.4% 정도로 그 규모가 미미하며, 수요자금융에 사용하는 비율 또한 낮아서 이를 제외하고 연구를 진행해도 무방하리라 판단했기 때문이다.

7 전광섭 『주택금융론』.

8 인플레이션에 의한 화폐가치의 하락으로 현금, 예금, 공사채 등 보유자산의 가치가 실질적으로 감소하는 것을 방지하기 위해 귀금속, 토지, 가옥, 주식 등에 투자하는 것을 말한다.

9 이종권·김주진 「가계신용불안이 주택시장에 미치는 영향」, 2005. 7.

10 금융기관이 만기가 돌아온 부채의 상환을 연기해주는 것이다.

11 12월 14일 기준.

12 고객의 예금을 받아 증권회사가 수익성이 높은 대출채권, 유가증권 등에 운용한 후, 그 수익을 고객에게 분배하는 변동금리 저축상품으로, 은행의 보통예금처럼 입출금이 자유로우나 금리 면에서 매우 경쟁력 있다. 하루만 맡겨도 높은 이자를 받을 수 있는 저축상품이다.

13 한국주택금융공사가 10~30년간 대출금을 나누어 갚도록 설계한 장기 주택담보대출의 브랜드명이다.

14 한국주택금융공사에서 시행하는 금융제도로서, 집은 소유하고 있지만 소득이 부족한 노인들이 집을 담보로 매달 생활비를 받을 수 있다.

15 주택담보대출 증가와 저금리는 주택 수요자의 구매력을 향상시키는 역할을 함으로써, 주택 수요를 증가시킨다. 이는 공급이 일정하다면 가격 상승을 불러일으키

는 원인이 된다.

16 2005년 6월 30일에 나온 대책.

17 2005년 8월 30일에 나온 대책.

18 '서민만 옥죈 주택대출 규제'(문화일보 2007년 11월 1일자).

19 김인규·권태웅 「주택금융의 현황과 발전방향」, 2007. 9.

4장 주택문제는 수도권만의 문제인가?

1 공공기관이 토지를 보유하고 건축물만 분양하는 주택을 의미한다. 이 경우 건물만 분양하므로 분양가는 크게 낮아지지만 매월 토지에 대한 임대료를 지불해야 한다. 임대 기간은 최대 50년이고 전매 금지는 10~20년으로 조정된다.

2 입주자가 해당 주택을 처분할 경우 사업 주체가 환매를 조건으로 공급하는 분양주택을 말한다.

3 서울시가 주택 개념을 '사는 것'에서 '사는 곳'으로 '전환(shift)'해가기 위해 공급하는 주택으로, 주변 전세 시세의 80% 이하로 최고 20년까지 거주할 수 있다. 2007년 5월, 송파구 장지동과 강서구 발산동 481세대를 최초로 공급했으며, 청약 하루 만에 사실상 마감되는 등 시민들의 호응이 대단했다.

5장 신도시 개발의 희망과 절망

1 이 장의 구술자들은 신도시 개발 지역의 거주자나 이해관계자로서 사업이 상당히 진행되어 이미 해당 지역에서 이주한 사람들이었다. 수도권에서 이런 조건에 맞는 지역으로 판교를 선정했다. 경우에 따라서는 구술자가 잘못된 정보를 얻었을 수 있으므로 사전준비가 매우 중요했다. 예를 들어 판교 세입자였던 최경자씨는 주택공사의 10년 공공임대주택을 분양받았는데, 민간건설회사의 공공임대주택은 5년 후 분양전환하고, 주공에서 공급하는 공공임대주택은 10년 후 분양 전환하는 것으로 잘못 알고, 이에 대해 불만을 토로했다. 이처럼 개발지역 주민들이 정확한 정보를 제공받지 못해 생기는 문제가 상당히 많았다.

2 1989년부터 개발한 분당, 일산, 평촌 등 5개 신도시가 1기 신도시로 분류되고, 2000년대 후반에 개발하기 시작한 판교, 김포 등의 신도시가 2기 신도시로 분류된

다.

3 참여정부 들어 2003년과 2006년 주택 가격 급등 현상이 나타났다. 전년도 주택가격지수 대비 상승률이 2003년에는 12.9, 2006년에는 12.2%였다(국민은행 홈페이지www.kbstar.com 주택가격지수 자료 참조).

4 이 장은 신도시 거주자들의 주거이동 동기와 유형(천현숙, 2004)을 참조하여 서술했다.

5 과잉유동성은 한 나라의 국민경제에 필요한 양 이상으로 통화가 발행되어 물가상승 압력으로 작용하는 상태를 말한다.

6 현재 채권보상은 임의사항이므로 강제성이 없다(공익사업을 위한 토지 등의 취득 및 손실보상에 관한 특례법 제62조 제4항).

7 건설교통부장관이 조사, 평가해 발표한 표준지의 단위면적(m²)당 가격.

8 판교는 1976년 5월 4일자로 남단녹지로 지정되어 개발제한구역이 아님에도 일체의 건축행위가 금지되었다.

9 2003년 12월부터 보상업무를 시작해 2005년말 완료했다.

10 판교(2003년 기준)의 개인 최고가 보상액은 270억이었고 광교(2005년 기준)는 550억원이었다(mbn 2006년 5월 24일자).

11 채권보상은 수용되는 지역의 토지에 현금으로 보상하지 않고 채권으로 보상하는 것을 말한다. 전에는 1억원 이상 금액에 채권보상을 할 수 있었으나 법 개정으로 부재지주 보상금 중 1억원을 초과하는 금액은 채권(만기 5년 이내의 3년 만기 정기예금 금리 적용)으로 지급하도록 개정되었다.

12 대토는 토지를 수용당한 토지주가 인근에 대체토지를 마련하는 것을 말한다.

13 여기서 외지인이라 함은 해당 개발지역에 주민등록이 되어 있지 않은 사람을 말한다.

14 실례로 광교 신도시 토지보상 과정에서 전체 6구역 중 5구역(수원시 영통구 원천동 일대)의 223m²에 대한 감정평가 결과 G법인은 평당 748만원, S법인은 782만원, M법인은 812만원으로 G법인과 M법인의 차이는 64만원이고 건물평가액 총액으로는 4천 300만원이다. G, S법인은 경기지방공사가 지정한 업체이고 M법인은 주민 추천을 받은 업체이다(경기일보 2007년 7월 12일자).

15 재결 신청은 토지매수 가격이 충분치 못하다고 생각할 경우 이의신청을 통해 적정가격을 다시 판정받는 것을 말한다.

16 1인당 6~8평으로 공급되므로 대상자 수십명이 모여 비법인 형태로 조합을 결성한 후에 200~300평 규모의 택지를 공급받아 상가를 건축할 수 있다. 택지개발 지

역에서 소액 투자자들이 관심을 갖는 대상이다.

17 인터뷰를 실시한 2007년 8월경 8평 상가 딱지는 7000~8000만원에 거래되었다.

18 판교의 경우 주거이전비가 780만원(4인 가족 기준), 이사비용이 30만원이었다.

19 전에는 5년 공공임대주택이었으나 판교에서는 10년 공공임대주택으로 공급되었다.

20 공공임대주택에 대한 최초의 임대보증금은 다음 각 호의 구분에 따라 정하는 금액을 초과할 수 없다. 1. 국가·지방자치단체·대한주택공사 또는 지방공사가 건설한 임대주택은 당해 임대주택과 그 부대시설에 대한 건설원가에서 국민주택기금에 의한 융자금을 차감한 금액(임대보증금 상한선). 2. 제1호 외의 임대 사업자가 건설한 임대주택은 수도권지역에서는 임대보증금 상한선의 90%에 해당하는 금액, 비수도권지역에서는 80%(임대주택법 시행령 제12조 제3항). 예를 들어 어떤 공공임대아파트 건설원가가 2억원이고, 국민주택기금과 재정지원이 1억원이라면 차액인 1억원의 90%인 9000만원이 임대보증금 상한인 셈이다.

21 개발 이주자 전세자금은 사업 시행자(지자체, 대한주택공사, 한국토지공사, 지방공사) 또는 개발 이주자(공공사업 시행으로 이주하는 세입자 또는 주택 소유자 중 당해 사업지구의 주택을 공급받아 재정착하는 자)를 대상으로 지원된다. 수도권은 4000만원, 그 밖의 지역은 3000만원이며 대출 이율은 연 2.0%이다. 사업 시행자: 개발 사업 종료일부터 6개월 이내, 개발 이주자: 3년 일시상환한다(6개월 단위로 연장 가능).

22 경실련은 주택공사 등이 판교 신도시 1·2차 분양을 통해 1조 8000억원의 폭리를 취했다고 주장한다.

6장 뉴타운, 떠나는 자와 남는 자

1 2003년 11월 발표, 교남 뉴타운 외 11개 지구.

2 2005년 12월, 2006년 11월 발표, 이문·휘경 외 9개 지구.

3 임서환 「노후·불량주택지 재개발과 공공기관의 역할」, 『주택포럼』, 2000년 2호, 주택산업연구원, 20~31면.

4 서울시정연구원 「서울시 주택재개발 연구」, 1996.

5 하성규·김태섭 「한국 도시 재개발의 사회경제론」, 박영사 2003.

6 뉴타운의 두 가지 분류(Golany, 1976: 건설교통부·대한주택공사, 2006).

첫번째 그룹은 (1) new town (2) new community (3) new city (4) company town (5) development town (6) regional growth center (8) accelerated growth center (9) horizontal city (10) vertical city (11) new town in-city 으로 표현된다. 두 번째 그룹은 (1) satellite town (2) metro town (3) land subdivision (4) planned unit development(PUD) and (5) new town in-town 등으로 구분된다.

7 도시의 전반적인 기능을 자발적으로 해결할 수 있는 능력

지구	추진 내역
길음 뉴타운	−성북구 길음동 624번지, 정릉 170번지 일대(1,250천㎡(37만 8000평)) −9개 재개발 구역(완료 6, 시행중 3)
은평 뉴타운	−은평구 진관내·외동, 구파발동 일대(349만 5천㎡(105만 5000평)) −2010년 완공 예정
왕십리 뉴타운	−성동구 하왕십리동 440일대(33만 7천㎡, 10만 2000평) 개발 −1~3구역으로 구분하여 사업 시행중

8 1차 시범 뉴타운

9 지역격차 비교(서울 강남북)

기준(2002)	최고	최저
주택 노후도(30년 경과주택)	종로구 23.4	강남구 0.1
1인당 도로면적	서초구 12.3	관악구 5.0
정보화 지수	강남구 195	도봉구 83
재정력 지수	강남구 197.4	강북구 32.4

자료 : 서울시

10 도시관리원칙에 충실한 정비(전체 도시관리계획 및 지역특성에 적합한 개발, 도로·공원·학교 등 적정 수요의 도시기반시설 설치, 다양한 주택단지와 주거유형 등 주거 수준의 질적 제고), 사회통합형 개발·정비(다양한 계층과 세대가 더불어 함께 사는 커뮤니티 조성, 교육환경개선을 통한 사회적 격차 완화, 복지와 안전이 보장되고 이웃문화가 살아 숨쉬는 주거환경), 기능복합형 개발·정비(토지 복합이용을 통한 거주 및 상업·생활편익시설 근접 유도, 공공시설·복지시설 등 복합화), 친환경적 개발·정비(보행과 자전거 중심으로 정비하고 교통유발요인 최소화, 생태기반지표 도입을 통한 친환경적 개발, 충분한 녹지 확보, 빗물의 적정 이용, 친환경적 자재 활용 등), 미래형 도시관리시스템 구축(자원·에너지 절약형 도시, 정보화 도시 기반 조성 등)

11 공익사업을 위한 토지 등의 취득 및 보상에 관한 법률, 법 제78조(이주 대책의 수립 등)에서는 사업 시행자는 공익사업의 시행으로 인하여 주거용 건축물을 제공함에 따라 생활의 근거를 상실하게 되는 자(이하 "이주 대책 대상자"라 한다)를 위하여 대통령령이 정하는 바에 따라 이주 대책을 수립·실시하거나 이주정착금을 지급하여야 한다고 명시했다. 또한 동법 시행규칙 제54조에서는 주거이전비 보상에 대해 공익사업 시행지구에 편입되는 주거용 건축물의 소유자에 대하여는 당해 건축물에 대한 보상을 할 때 가구원수에 따라 2월분의 주거이전비를 보상하여야 하고, 다만 건축물의 소유자가 당해 건축물에 실제 거주하고 있지 아니하거나 당해 건축물이 무허가 건축물 등인 경우에는 보상하지 않는다. 공익사업의 시행으로 인하여 이주하게 되는 주거용 건축물의 세입자로서 사업인정 고시일 등 당시 또는 공익사업을 위한 관계법령에 의한 고시 등이 있은 당시 당해 공익사업지구 안에서 3월 이상 거주한 자에 대해서는 가구원수에 따라 4개월분의 주거이전비를 보상하도록 하고 있으며, 무허가 건축물 등에 입주한 세입자로서 사업인정 고시일 등 당시 또는 공익사업을 위한 관계법령에 의한 고시 등이 있은 당시 그 공업지구 안에서 1년 이상 거주한 세입자에 대해서는 본문에 따라 주거이전비를 보상하도록 하고 있다.

12 왕십리 뉴타운은 2008년 중반부터 이주 및 철거 예상(서울시 균형발전촉진본부 왕십리 뉴타운 담당자와의 전화통화).

13 하성규·김태섭 「주택 재개발지구 재정착 주민의 주거안정 특성 분석」, 한국지역개발학회지, 2001년 12월.

강혜경(49)*   전업주부

구준호(45)   공인중개사

김연무(63)*   화훼농업

김영진(33)   회사원

김영철(32)   회사원

김영호(44)   대한주택공사 차장

김인숙(43)*   전업주부

김재호(58)   무직

김정균(49)   무직

김정순(50)*   전업주부

김찬숙(43)   전업주부

김철수(44)   공기업 직원

박상철(36)   공무원

박우진(63)   성남시 시의원

박인영(42)   부동산컨썰팅업체 임원

박정화(51)   무직

박진식(47)   감정평가사

서봉수(50)   공무원

심경석(58)   신용협동조합 이사장

원상돈(31)*   은행원

이성재(59)*   공인중개사

이진숙(39)   주거복지연대 간사

이창숙(31)   직장인

장미영(35)   전업주부

최경자(50)   무직

최노식(60)*   무직

최성국(41)   공인중개사

최송림(55)   상업

한혜숙(45)   전업주부

함성근(45)*   영종스카이빌 관리사무소장

홍태석(44)   회사원

황세희(49)   중학교 교사

(*표시는 실명)

희망제작소 프로젝트
우리시대 희망찾기 **09**

주거 신분사회
타워펠리스에서 공공임대주택까지

초판 1쇄 발행 • 2010년 4월 30일

지은이 • 최민섭 남영우 최은영 강민석 천현숙 김태섭
펴낸이 • 고세현
책임편집 • 박기효 박영신
펴낸곳 • (주)창비
등록 • 1986년 8월 5일 제85호
주소 • 413-756 경기도 파주시 교하읍 문발리 513-11
전화 • 031-955-3333
팩시밀리 • 영업 031-955-3399 편집 031-955-3400
홈페이지 • www.changbi.com
전자우편 • human@changbi.com
인쇄 • 상지사P&B

ⓒ 희망제작소 2010

ISBN 978-89-364-8564-1 03300
ISBN 978-89-364-7984-8 (세트)